农业农村部软科学课题（2018078）

山西省哲学社会科学规划课题（2016054011）

山西省高等学校哲学社会科学研究课题（201803043）

山西省哲学社会科学规划课题（2018B003）

农业部农产品加工局委托课题（01150216070037）

山西省国土资源厅年度课题（2017058019）

PEASANTS' ENTREPRENEURSHIP IN
AGRICULTURE-RELATED BUSINESSES IN CHINA
A Theoretical and Empirical Study Based on the Perspective of Social Capital

中国农民涉农创业

——基于社会资本视角的理论与实证研究

郭　铖◎著

中国财经出版传媒集团

经济科学出版社
Economic Science Press

图书在版编目（CIP）数据

中国农民涉农创业：基于社会资本视角的理论与实证研究/
郭铖著 . —北京：经济科学出版社，2019. 6
ISBN 978 - 7 - 5218 - 0512 - 3

Ⅰ. ①中… Ⅱ. ①郭… Ⅲ. ①农业经营 - 创业 -
研究 - 中国 Ⅳ. ①F324

中国版本图书馆 CIP 数据核字（2019）第 083267 号

责任编辑：程辛宁
责任校对：刘 昕
责任印制：邱 天

中国农民涉农创业
——基于社会资本视角的理论与实证研究
郭 铖 著
经济科学出版社出版、发行 新华书店经销
社址：北京市海淀区阜成路甲 28 号 邮编：100142
总编部电话：010 - 88191217 发行部电话：010 - 88191522
网址：www. esp. com. cn
电子邮件：esp@ esp. com. cn
天猫网店：经济科学出版社旗舰店
网址：http：//jjkxcbs. tmall. com
北京密兴印刷有限公司印装
710 ×1000 16 开 14. 5 印张 220000 字
2019 年 6 月第 1 版 2019 年 6 月第 1 次印刷
ISBN 978 - 7 - 5218 - 0512 - 3 定价：72. 00 元
（图书出现印装问题，本社负责调换。电话：010 - 88191510）
（版权所有 侵权必究 打击盗版 举报热线：010 - 88191661
QQ：2242791300 营销中心电话：010 - 88191537
电子邮箱：dbts@ esp. com. cn）

序

　　近年来，随着外出打工农民工增速放缓甚至为负，返乡创业农民工数量呈增加趋势。这一经济现象很有意思，很值得从理论上进行深入探讨。返乡创业者并不是那些在城镇打工找不到工作或工作环境较差、工资较低的群体，而恰恰是能力强、薪水高的那部分群体。农民工返乡创业，自20世纪90年代就零星存在，例如，广西横县的甜玉米产业就是外出打工者借鉴外地经验而形成的。近年来才形成群体效应，形成经济现象。这一现象对于解决农村"空心化"、农村产业发展"空洞化"等问题显然具有重要意义。2017年国务院印发《关于强化实施创新驱动发展战略　进一步推进大众创业万众创新深入发展的意见》强调"加快将现有支持'双创'相关财政政策措施向返乡下乡人员创新创业拓展，将符合条件的返乡下乡人员创新创业项目纳入强农惠农富农政策范围"，提出要"整合创建一批农村创新创业示范基地"。国务院办公厅、农业农村部等部门多次发文支持农民工返乡创新创业。我们甚至可以说，农民工返乡创业的春天到来了。

理论界对这一现象也给予了高度关注。近年来，学术界在这一领域的发文数量快速增加。通过中国知网查询，以"农民工返乡创业"为主题词，2014 年发表文章只有 122 篇，2018 年就达到了 299 篇，2019 年至今已经发文 52 篇。俨然已经成为一个重要的经济学研究领域。这一领域也引起了山西大学经济与管理学院郭铖博士的关注。近年来，他承担过农业农村部软科学课题、山西省哲学社会科学规划课题、山西省高等学校哲学社会科学研究课题、农业农村部农产品加工局委托课题等五项，取得了比较丰硕的成果，并形成专著《中国农民涉农创业——基于社会资本视角的理论与实证研究》，并嘱我作序。郭铖 2002 年考入中国人民大学农村区域发展专业，本科毕业后继续读硕士、博士，一直由我指导，是典型的"人大土著"。看到他取得的学术成就，我是由衷高兴的。

本书以农民"涉农创业"为研究对象，融合了经济学、管理学、社会学等学科的理论，构建了以社会资本为核心的研究框架。在这一框架下，作者分析了农民涉农创业的现状、特点、影响因素、绩效以及对政策的需求等。这本专著的最大特点就是数据资料翔实可靠，作者 2016 年利用大学生寒假返乡探亲机会对涉及 29 个省、自治区、市的 120 个县、120 个村进行了严格抽样和发放问卷，共收回有效创业者问卷 745 份，有效未创业者问卷 728 份，为课题研究打下了坚实的数据基础。课题组还在山西、四川、山东等地进行典型调研，掌握了大量第一手资料。这就使得本书论据充分，有说服力。深入一线进行扎实调研，是我对学生的一贯要求，郭铖是做到了的。

郭铖一向沉默寡言，做事踏实。上学时，跟着我跑了很多地方调研，总是默默地背包、扛问卷、做调查，调研的基本功应该是学到了。这个功夫在本书中体现得非常充分。"京城居，大不易"，郭铖像我的很多学生一样，选择回到家乡或者离开京城就业，我是赞同并鼓励的。但离开京城见面的机会就少，又是我所不愿意的，自然就多了一份牵挂。郭铖所在的山西大学是山西省最高学府，人文底蕴深厚，是个做学问的好地方。山西省的农业经济类型多样、特点鲜明，很多经验值得总结。比如最近，山西省农业农村部门又在全省范围内推广农业生产托管服务，逐县推进，这在全国还是第一家。可见，山西省是农业经济学研究的宝库。希望郭铖继续发扬一贯的扎实学风，一个问题一个问题地攻克，积累久了，"学问"就有了。其实做学问并不难，所有人下的都是笨功夫。

　　是为序。

孔祥智

2019 年 5 月 1 日

前　言

　　李克强总理在 2014 年 9 月的夏季达沃斯论坛上首次提出"大众创业""草根创业"号召以来，在一系列政策的推动下，"大众创业"的制度环境正在逐渐形成。所谓"大众创业"，是与"精英创业"相对而言的，是指普通劳动者在有利的政策环境和市场条件下弥补自身创业素质的不足和创业资源的短板，发现并利用创业机会，整合创业资源创造经济社会价值的过程。早期创业理论认为创业者是一群天生的"精英群体"，他们具备杰出特质，能够承担非凡职能。这种理论没有经得住实践的检验和研究人员的探究。大量事实表明，创业者所应具备的素质可以在后天被塑造，某些态度和行为是可以通过学习和经验获得的。只要创造一定的条件，普通劳动者也能够成为创业者，"大众创业"是能够实现的。农民是中国人数最多、潜力最大的重要群体。改革开放之初，乡镇企业是我国农民的伟大创造，是农民创业的重要成果。改革开放以来，我国农民创业蓬勃兴旺，为发展现代农业，壮大农村二、三产业，建设新农村和推进城乡一体化作出了重大贡献，也培育了一大批农民企业家和新型农民，为经济社会发展提供了强大动力。2018 年中央一号文件提出实施乡村就业创业促进行动，将其作为乡村振兴战略的重要着力点。新时期，在乡村振兴战略背景下，农民更容易结合其农业资源禀赋，在乡村地区选择门槛较低的涉农行业开展创业。能否有效推动农民涉农创业对"大众创业"和乡村振兴的实现有决定性意义。

本书以我国农民涉农创业为研究对象，探讨"大众创业"及乡村振兴战略背景下我国农民涉农创业理论创新与政策优化，构建了以社会资本为核心的农民涉农创业理论框架，并在此基础上针对已有研究的薄弱环节开展了农民涉农创业中诸多具体问题的研究，尝试解决当前我国农民涉农创业中的人才困境、资源困境和治理困境，以期为农民涉农创业扶持政策提供前瞻性思路。在本书中，读者将了解到当前农民涉农创业的机会在哪里；农民涉农创业主要选择哪些行业，不同行业的农民创业绩效有哪些差异；农民涉农创业者与未创业农民相比有哪些系统性差异；当前农民创业培训的重点在哪里；哪种类型的社会资本对农民涉农创业影响较大；农民的社会资本对其获取创业资源有何影响，又如何影响创业组织的治理；政府如何通过影响农民的社会资本提升其创业绩效；当前农民涉农创业中的主要政策需求有哪些，当前政策供给又有哪些，落实情况又如何；当前农民涉农创业中的核心问题是什么，解决对策有哪些。

本书是笔者三年来学术研究的总结，书中的观点均基于实地调查数据用实证研究方法得出，期待借以与国内外农业经济研究者交流，并对政策制定者和农民创业者有所启示。

目录
CONTENTS

| 第 1 篇 |

概　论

第1章
问题界定与研究设计

1.1 研 究 背 景

农民涉农创业指农民采取多种组织形式介入农业产业链的各个环节，以自身农业资源为依托，发现创业机会并投入一定数量的资金整合各类资源，以实现财富增加和自身发展的行为和过程，即农民在"大农业"中的创业。之所以将其称为"涉农创业"是为了与狭义的农业创业（种植、养殖业创业）相区分。近年来在"大众创业"和乡村振兴战略政策背景下，专业大户、家庭农场、农民合作社、农业龙头企业等新型农业经营主体在乡村不断涌现；农产品加工业、农产品电子商务、休闲农业、乡村旅游业等涉农产业快速发展，新一轮农民创业浪潮正在开启。随着乡村创业环境的不断优化和农民创业意识的逐渐觉醒，我国农民涉农创业将持续增加。

支持鼓励农民涉农创业可以促就业、增收入，激发农村发展的内生动力，使广袤乡村百业兴旺，打开农业现代化和新型工业化、信息化和城镇化协同发展的新局面。但就整体而言，当前我国乡村创业环境较差，创业服务体系尚不健全，服务能力尚待提高，体制机制性障碍还不同程度存在，制约了农民涉农创业的开展和创业绩效的提高。另外，农民创业者普遍存在受教育程度较低、资源禀赋较差、创业相关经验缺乏，以及在把握商机、获取资源和组织管理等方面的能力相对不足等问题。在乡村振兴战略背景下，如何施弥补农民创业者和乡村创业环境中的短板，促进农民开展涉农创业并提高创业绩效？这些问题的解决需要系统的配套政策予以支持，而政策的出台和优化则需要相关研究作为基础支持。但目前关于农民涉农创业的研究还处于起步阶段。对农民涉农创业中的机会和当前农民涉农创业特征缺乏整体性的把握；对创业者人力资本培育、创业资源获取、创业组织管理等方面的规律缺乏深入的研究；对乡村创业环境中的障碍和农民涉农创业者的政策需求缺乏全面的归纳。对这些农民涉农创业中的重点问题进行深入研究，为提纲挈领地促进农民涉农创业提供参考是本研究的出发点。

1.2 研究目标

本研究以我国农民涉农创业为研究对象，探讨"大众创业"及乡村振兴战略背景下我国农民涉农创业的理论创新与政策优化，尝试解决农民涉农创业中的人才困境、资源困境和治理困境，以期为我国今后的农民创业扶持政策提供前瞻性思路。具体地，本研究的目标分为以下五点：

（1）构建我国农民涉农创业本土化理论框架。创业管理学科经过多年发展已经形成较为成熟的理论框架，为国内外创业研究提供了基本范式和理论基础。但经典理论框架都以欧美等发达国家为背景创立，其关注的重点要素并不完全适用于中国情境。为了凸显中国农民涉农创业中的关键要素，以统摄对农民涉农创业中重点问题的研究，有必要在汲取国外创业理论框架精华、归纳当前我国农民创业研究并综合考虑农民涉农创业特点的基础上构建本土化的农民涉农创业理论框架。

（2）把握当前我国农民涉农创业总体特征。为了把握我国农民涉农创业的总体现状，并为深入研究农民涉农创业中的重点问题提供基本背景，我们梳理了农民涉农创业中的创业机会、创业行业、组织形式、资源获取、创业绩效等方面的基本特征。

（3）识别当前农民涉农创业者的创业相关人力资本短板。创业者是创业机会的识别和利用者，是创业资源的获取和组织者，是创业过程的管理和领导者。农民涉农创业者的素质和能力是决定创业绩效的根本性因素。在农民涉农创业者的受教育程度和工作经历既定的情况下，识别他们与创业相关的人力资本短板并通过培训弥补这些短板是提升农民涉农创业绩效的重要途径。

（4）探究影响农民涉农创业中创业资源获取、创业组织治理的关键因素。在长期的二元体制下，农民与城市居民在人力资本、物质资本积累上存在明显的差距，这使农民在开展涉农创业的过程中不得不更加依赖社会资本和政府支持。社会资本对农民涉农创业绩效是否存在显著影响？哪种社会资本的影响较大？社会资本在农民获取创业资源以及创业组织管理中起到哪些作用？政府能否通过重塑和拓展农民涉农创业者的社会资本提高其创业绩效？这些问题都直接影响农民涉农创业绩效。本书的核心部分将通过实证研究对这些问题予以解答。

（5）提出促进农民涉农创业的前瞻性政策建议。分析当前农民涉农创业政策的供需情况，厘清当前政策供需不匹配之处是明确当前政策重点的前提。在此基础上，我们将结合主要研究结论，提出促进农民涉农创业的前瞻性政策建议。

1.3　研究内容

本书首先构建了以社会资本为核心的农民涉农创业理论框架，确定了研究的重点和基本思路。然后归纳了当前农民涉农创业的机会类型和农民涉农创业的总体特征。在此基础上，识别了当前我国农民涉农创业者的人力资本短板，为其创业才能的提升提供了参考；并基于社会资本视角重点分析了农民涉农创业者的资源获取、创业组织管理以及政府在拓展创业者社会资本中的作用。最后梳理当前农民涉农创业政策供需匹配情况，并总结本书结论，提出促进农民涉农创业的政策建议。本书的具体内容及结构安排如下：

第1篇，概论。介绍了本书的研究问题和研究思路，并设计了基于社会资本的农民涉农创业理论框架，以统摄本书的研究。

第1章，问题界定与研究设计。阐述了本书的研究背景、研究目的、研究内容、研究方法和研究贡献，明确了主要研究问题、研究思路及具体路线。

第2章，文献综述。首先梳理了创业研究的基本脉络，分析了六个国外经典创业理论框架的特点，为本书理论框架的提出奠定了基础。然后从农民的创业意愿和创业行动、农民对创业机会的识别、农民对创业资源的获取、农民创业的组织和管理、农民创业的环境以及农民创业的功能和影响等六个方面评述了农民涉农创业相关文献，归纳了当前研究的成就和不足，得出了本书研究的切入点。

第3章，以社会资本为核心的农民涉农创业理论框架。在总结国外经典创业理论框架和我国农民创业研究的基础上，根据我国农民涉农创业中的突出特点，构建了以社会资本为核心的农民涉农创业理论框架。

第2篇，当前农民涉农创业机会与农民涉农创业总体特征。归纳了农民涉农创业机会的主要类型以及当前农民涉农创业的总体特征。

第4章，农民涉农创业机会。在文献梳理的基础上将农民涉农创业方向分为四类：农业规模化经营、农业社会化服务、农村产业融合发展、"互联网＋农业"。并阐述了四类创业机会的具体内容。

第5章，农民涉农创业总体特征。基于全国范围大样本抽样调查数据对农民涉农创业的行业、组织形式、资源获取、创业绩效等方面的特征做了描述统计分析。

第3篇，农民涉农创业者。主要阐述了农民涉农创业者在人力资本和社会资本方面的基本特征，并实证分析了培训对农民涉农创业绩效的影响，得出当前农民创业相关人力资本的短板。

第6章，我国农民涉农创业者——人力资本与社会资本。基于调查数据对农民创业者的人力资本、社会资本等方面的特征做了描述统计分析。

第7章，培训对农民涉农创业绩效的影响——考虑创业者人力资本禀赋调节效应的实证分析。基于企业家才能理论将农民创业培训按内容细分为四种类型，并利用 745 个农民涉农创业样本实证分析了各种类型的创业培训对农民涉农创业绩效的相对重要性，以及农民受教育程度和先前创业经历对创业培训与创业绩效间关系的调节效应。明确了当前农民创业培训的重点。

第 4 篇，农民涉农创业中的社会资本。以社会资本视角分析农民涉农创业中的资源获取、企业治理、政府作用等问题。

第 8 章，社会资本、创业环境与农民涉农创业绩效。将农民的社会资本划分为同质性社会资本和异质性社会资本两种类型，从提供创业资源的意愿和能力视角以及激励监督视角分析了社会资本影响农民涉农创业绩效的机理，并利用 745 个农民涉农创业样本考察了创业环境约束下农民的社会资本对其涉农创业绩效的影响。

第 9 章，社会资本、融资结构与农民涉农创业绩效。分析了农民创业者的社会资本影响其融资结构的机制以及融资结构影响农民创业绩效的机制，并利用 745 个农民涉农创业样本对这两类影响做了实证检验。

第 10 章，内部治理机制对农民合作社盘活资源绩效的影响——社会资本视角的解释。农民合作社是我国农民涉农创业的重要组织形式。本章以山西省左权县易地扶贫搬迁地区的 3 个农民合作社为样本分析了农民合作社的决策机制、激励机制和约束机制对其盈利能力和稳定能力的影响，并从社会资本视角解释了不同治理机制的形成原因。

第 11 章，利益相关者的筛选、激励与农业共营制效率——政府对农民涉农创业中社会资本的重塑和拓展。农民涉农创业中利益相关者体系的构建是对农民创业相关社会资本的重塑和拓展。本章基于四川省崇州市的实践，剖析了农业共营制中利益相关者的筛选机制和激励机制及其对农业共营制效率的影响，并从社会资本视角分析了政府在农业共营制形成中的作用。

第 5 篇，农民涉农创业促进政策研究。明确当前农民涉农创业中的政策供需不匹配现状，总结主要研究结论并提出政策建议。

第 12 章，农民涉农创业政策供需分析。描述统计当前农民涉农创业中的主要困难，分析农民创业者政策需求优先序，归纳农民创业政策供给现状，得出当前农民涉农创业政策中哪些方面需要加强。

第13章，主要研究结论与政策建议。归纳研究结论，并在此基础上形成促进农民涉农创业的政策建议。

1.4 研究方法与数据来源

1.4.1 研究方法

1. 基于跨学科、多领域文献梳理的文献研究

通过对国内外创业管理、农民创业、农村创业、农业创业、社会资本等方面文献的系统梳理，明确了当前创业研究的经典理论框架，归纳了当前我国农民创业研究中的薄弱环节和本书研究的重点问题，并在此基础上演绎出本书的理论框架。

2. 基于随机抽样调查数据的描述统计分析和计量分析

利用大样本随机抽样数据对当前我国农民涉农创业的总体特征和农民创业者特征进行了全面的描述统计分析，整体反映当前农民涉农创业现状，并未计量分析奠定基础。

运用计量分析法研究三个问题：第一，用定序 probit 模型检验培训对农民涉农创业绩效的影响以及创业者人力资本禀赋对该影响的调节作用；第二，用定序 probit 模型检验不同类型社会资本对农民涉农创业绩效的影响以及创业环境对该影响的调节作用；第三，用定序 probit 模型检验不同融资结构对农民涉农创业绩效的影响，并利用 OLS 模型检验不同类型社会资本对农民涉农创业资金结构的影响。

3. 基于立意抽样调查的案例研究

采取立意抽样方式获取案例研究材料，选择含有符合研究目的的重要信息、代表性强的农民涉农创业者样本开展深入访谈。运用案例研究法研究两个问题：第一，运用比较案例研究法分析易地扶贫搬迁地区农民合作社的治理机制对其盘活迁出村资源绩效的影响以及社会资本在不同治理机制形成中的作用；第二，运用单案例研究法分析利益相关者的筛选、激励对农业共营制效率的影响以及政府在农业共营制形成中的作用。

1.4.2　数据来源

1. 本书课题组 2016 年农民涉农创业调查数据

本书使用数据主要是课题组在 2016 年 1～3 月组织大学生利用寒假返乡机会开展的农民创业问卷调查数据。调查对象包括农民创业者和未创业农民两类群体。创业者样本必须满足四个条件：第一，具有农业户口或在长期在农村居住（1 年以上）；第二，年龄在 18～65 周岁之间；第三，当前的创业活动开始于 2008 年之后；第四，经营活动主要在涉农领域。未创业农民样本只需满足具有农业户口或在长期在农村居住（1 年以上）的条件。调查员由中国农业大学三农研究会、中国人民大学学生会和地方高校三农社团的 120 名学生组成，这些学生来自我国 29 个省级行政单位（不包含上海、西藏、香港、澳门、台湾 5 个省级单位），120 个县（市、区）的 120 个行政村。

创业者样本的抽样过程是：首先由 120 位调查员搜集自己行政村符合条件的抽样单元（即农民涉农创业者），形成了包含 1627 个抽样单元的抽样框，每位调查员搜集到的抽样单元数从 3～24 不等。然后每位调查员在其家乡所在行政村的抽样单元中随机抽取 1/2 的农民创业者进行调查。随机抽取的方式为首先由每位调查员将自己所在行政村中的抽样单元按从 1～n 的顺序编号，然后通过抽签法选取抽样单元总数的 1/2 作为样本。对于抽样单元总数小于 2 个的行政村，则抽取 1 个样本；对于抽样单元总数不是 2 的倍数的情况，按四舍五入原则处理。同时，在每个行政村按照 1∶1 比例抽取未创业农民样本作为参照。

考虑到样本农民理解力和表达水平差异较大，调查统一采取由调查员根据样本农民回答代为填写问卷的形式。本次调查分别发放创业者问卷和未创业者问卷各 814 份，收回有效创业者问卷 745 份，有效未创业者问卷 728 份。创业者问卷主要涉及创业初始情况，创业者个人和家庭基本情况，创业者先前经验，创业者社会资本，创业动机、机会和资源整合，创业外部环境及创业绩效等七个方面的内容（见本书附录 1）。

2. 山西省左权县农民合作社案例材料

2016 年 8 月，本书课题组赴山西省左权县开展了为期一周的调研。调研对象为左权县易地扶贫搬迁地区的 10 个农民合作社，包括专业大户领办、村干部领办和工商资本领办三种类型。调研内容包括领办人的教育背景、主要经历、创业过程；合作社的产权结构、组织机构、经营情况、收益分配情况以及合作社创立及发展中的主要障碍。

3. 四川省崇州市农业共营制案例材料

2017 年 6 月，本书课题组成员赴四川省崇州市调研当地农业共营制发展情况。调研内容包括：农业共营制的形成过程、经营模式、治理结构和利益分配机制；农民在农业共营制发展中的作用以及农业共营制对农民的影响；农业共营制发展中的障碍以及政府的支持政策。

4. 山东省青岛市、诸城市调研材料

2018 年 5 月，本书课题组成员赴山东省青岛市、诸城市调研创业融资问题，获得了 5 个企业的案例，为本书农民创业融资问题的研究提供了背景材料。

1.5　研究贡献

本书的贡献主要表现在以下四个方面：

1. 以农民涉农创业为研究对象，拓展了农民创业研究的领域

近年来我国农民创业研究在数量上和质量上都取得了显著进展。但在工业化、城市化的大背景下，农民非农创业问题也得到了学界的广泛关注，农民涉农创业问题却未受到足够重视。当前，我国农业现代化加速发展，农业经营主体逐渐由相对同质的小规模农户向新型农业经营主体转变。同时，农业社会化服务、农产品加工、农产品电子商务、休闲农业等涉农产业在农村不断涌现。新型农业经营主体的创立和涉农企业的发展都涉及机会识别、资源获取、风险承担、组织治理等创业问题，以农民创业视角对其进行研究可以丰富创业理论，并为农民涉农创业的良性发展提供参考。

2. 经典理论与中国实际结合，提出以社会资本为核心的农民创业理论框架

国外创业理论框架对社会资本在创业中的地位重视不足。但在我国农村创业环境较差的背景下，社会资本在农民创业资源获取、创业组织管理等环节中发挥重要作用。本书在参考国外创业理论框架并梳理国内农民创业研究基础上，融合经济学、管理学、社会学理论构建了以社会资本为核心的理论框架。推动了国外创业管理研究框架与中国农民创业实践的结合，并在此基础上开展农民涉农创业中具体问题的研究，确保了研究体系的一致性。

3. 按照规范的实证研究路径对农民涉农创业中的诸多重要问题做了研究

本书按照规范的实证研究路径研究了培训及创业者者人力资本禀赋对农民涉农创业绩效的影响、社会资本及创业环境对农民涉农创业绩效的影响、社会资本对农民创业融资结构的影响和融资结构对农民涉农创业绩效

的影响、社会资本对农民创业治理机制的影响以及治理机制对农民创业绩效的影响、政府通过重塑和拓展农民社会资本帮助农民创业者优化创业组织治理机制和市场渠道等农民涉农创业中的具体问题，得出了可靠性较强的研究结论。

4. 针对当前农民涉农创业中的主要问题提出政策建议

归纳农民涉农创业中具体问题研究得出的结论和政策供需分析结果得出了当前农民涉农创业政策的薄弱环节，并提出对策建议，为农民涉农创业政策体系的优化和当前政策落实的重点提供了参考。

第 2 章

文献综述

2.1　创业研究理论框架的演变

"创业者"一词来源于法语"entre"（意思是中间）和"perndre"（意思是承担），最初用来描述在买卖双方之间承担风险的人。因此，最初的创业指的是以较低的价格买入商品并以较低的价格卖出以获取差价，并承担价格波动的风险。这也是法国经济学家坎特龙（Cantlon，1775）对创业的定义。此后，著名经济学家萨伊（Say，1803）、马歇尔（Marshall，1890）、熊彼特（Schumpeter，1912）、奈特（Knight，1921）、柯兹纳（Kirzner，1973）均试图对创业的本质作出刻画。总体来看，创业的本质属性可以归结为五个方面：一是持续"警觉"发现市场机会（Schumpeter，1912；Kirzner，1973）；二是在不确定环境下作出"做什么和怎样做"的决策（Knight，1921）；三是说服资金提供者为创业提供资金（Schumpeter，1912）；四是组织和协调生产、销售过程（Say，1803；Schumpeter，1912；Marshall，1890）；五是承担风险（Cantlon，1775；Say，1803）。总体来看，机会的发现和利用是创业的核心内涵。当前对创业的典型定义来自哈佛大学教授史蒂文森（Stevenson，1985），他把创业定义为不受当前资源条件限制而追寻机会，组合不同的资源以利用和开发机会并创造价值的过程。

在当前经济学和管理学领域，创业和创新已经成为一组相互交织、密不可分的概念。这主要源于熊彼特 1912 年在其专著《经济发展理论》中提出的创新理论。在这本书中，熊彼特认为创新不同于发明。创新是一种市场行为，要接受市场的检验并遵循投入和产出的规律。熊彼特提出了五种创新模式，包括新产品、新生产方式、新市场、新材料及其来源和新组织形式。关于创业和创新的关系，熊彼特认为创业是实现创新的过程，而创新是创业的本质和手段。他进一步认为，创业是经济过程本身的主要推动力，是使经济发生繁荣和衰退的主要原因。我国学者张东升和刘健钧（2000）将创业分为狭义创业和广义创业，狭义创业概念是指从零开始创建新企业，广义创业概念也包括从一个有问题的企业开始创建出一个重焕生机的企业。可见，创业必须以创新为手段，但创新并不一定仅限于新企业的创立，还包括已有企业中的创新。

创业问题作为一个独立的研究领域开始于 20 世纪 40 年代，以管理学大师德鲁克 1947 年在哈佛大学商学院开设"创业与创新"课程为标志（Carlsson et al.，2013）。此后，创业问题受到管理学、心理学、经济学、社会学等学科研究者的关注，逐渐发展成为一个融合多学科研究方法的综合性研究领域（Dieter Bögenhold et al.，2014）。创业问题的研究内容始终围绕创业者的特征及其演变、创业机会的发现与开发、创业资源的获取、初创企业的组织管理、创业环境及其变化等五个方面，以及它们之间的相互影响。国外创业研究者围绕这五类要素构建了创业研究理论框架，为创业研究的对象和范围提供了基本参照。

2.1.1　加特纳多维动态创业模型

加特纳（Gartner，1985）认为，传统创业研究把创业视作少数具有特殊天赋的人的活动，重点关注创业者区别于非创业者的特质，但仅从创业者特质角度来解释创业成功与失败的原因并不能得到一致性的结论。为了克服单维度研究的不足，加特纳构建了一个多维、动态的创业模型（见图 2-1）。加特纳（Gartner，1985）认为创业就是新企业的创建过程，要全面揭示复杂的创业活动，必须深入研究创业者、创业环境、创业组织和创业过程这四个关键维度的主要内容及四个维度之间的相互作用。其中，创业者维度主要涉及创业者的成就需要、风险偏好、控制点、创业背景、工作经验、受教育水平等方面；创业环境维度主要包括经济发展水平、城市化水平、居民生活水平、技术创新力、市场供需状况、政策支持、企业资源等要素；创业组织维度主要包括内部组织结构、组织战略选择等方面；创业过程维度主要涉及发现创业机会、整合创业资源建企业、生产产品或提供服务等环节。在加特纳模型的基础上，维克汉姆（Wickham，1998）和萨尔曼（Sahlman，1999）分别强调创业者和创业环境两个要素，构建了相应的创业模型。

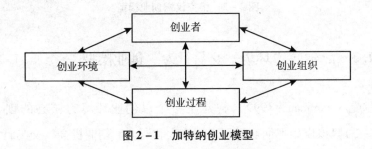

图 2-1 加特纳创业模型

2.1.2 维克汉姆"创业者—学习"创业模型

维克汉姆（Wickham，1998）构建了以创业者为核心的创业模型（见图 2-2）。与加特纳模型不同，维克汉姆将创业机会和创业资源作为两个独立要素引入创业模型，认为创业者、创业机会、创业资源和创业组织是创业过程的四个关键要素，并强调创业者在创业过程中的主导作用：创业者确认机会、管理资源并领导组织以实施创业；同时创业机会、创业资源和创业组织也会反作用于创业者的创业行动。此外，该模型考虑到了学习因素对创业过程的影响，认为创业者的学习活动贯穿于整个创业过程，是促进创业成功的关键因素。

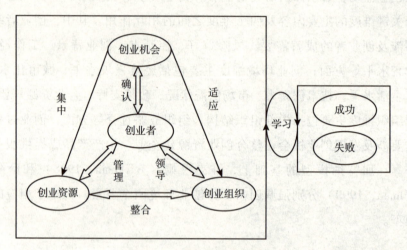

图 2-2　维克汉姆创业模型

2.1.3　萨尔曼"环境—交易行为"创业模型

萨尔曼（Sahlman，1999）构建了一个以创业环境为核心的创业模型（见图 2-3）。该模型把创业过程表现为人和资源、创业机会、交易行为与创业环境这四个要素之间协调、互动的过程。其中，创业环境是指创业者不能直接控制的因素，如宏观经济形势、行业进入门槛、利率水平、相关政策法规等；人既包括创业者，也包括其他为创业活动提供资源（包括服务）的个体活组织，如雇员、资金提供者、零件供应商、律师、会计师等；创业机会是指亟待企业投入资源开发的市场；交易行为是指创业者与资源供应者之间的显性或隐性交易契约。萨尔曼创业模型强调创业环境的核心地位和交易行为在创业中的作用，认为环境的变化带来创业机会，环境对资源可得性和交易行为均产生影响，创业者在特定的环境下通过交易行为获取资源、开发创业机会从而反作用于环境。

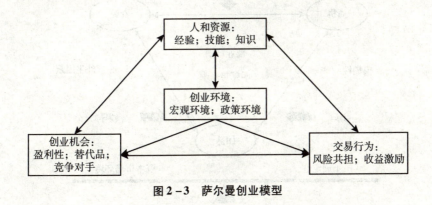

图 2 - 3 萨尔曼创业模型

2.1.4 蒂蒙斯 "三要素动态匹配" 创业模型

蒂蒙斯模型和夏恩模型均强调创业机会在创业活动中的核心地位。蒂蒙斯 (Timmons, 1999) 认为创业过程是在具有模糊性、不确定性特点的环境下, "商机—资源—团队" 三个关键因素动态匹配的过程, 创业者 (创始人) 好像紧抓三要素构成的倒三角, 努力维持三要素之间的平衡 (见图 2 - 4)。商机是创业活动的起点也是创业过程的核心, 商机的形式、大小、深度决定了所需资源和创业团队的形式、大小和深度。在创业初期, 商机较大而资源较匮乏, 于是倒三角向左边倾斜; 随着初创企业的发展, 创业者可以支配的资源越来越多, 而商机则相对有限, 于是倒三角向右边倾斜。创业团队是创业成功的关键因素, 创业团队应具备较强的领导能力、沟通能力以及创造力, 以更好地适应商机和资源的变化。创业管理必须与不同阶段创业活动重心的变化相适应, 以保证创业过程的动态均衡。

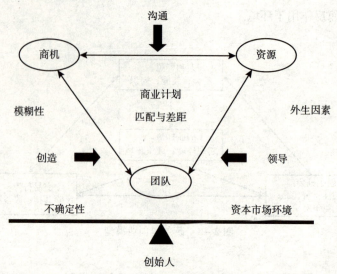

图 2 - 4　蒂蒙斯创业模型

2.1.5　夏恩"机会导向"创业模型

与蒂蒙斯"三要素动态匹配"模型相同，夏恩（Shane，2003）构建的创业模型也强调创业机会在创业中的核心地位，但夏恩模型更直接地把创业机会作为贯穿创业过程的线索，将创业过程划分为创业机会的出现、识别和开发（见图 2 - 5）。具体地，创业的前提是存在创业机会，创业过程从个体感知创业机会开始，不同个体接触创业信息和对创业机会的反应存在差异。作出创业决策后，创业者通过获取资源、确定组织形式、制定和实施创业战略等活动来开发创业机会，不同创业者开发创业机会的方式也存在差异。同时，创业环境影响创业机会的产生、识别和开发利用。可见，强调创业机会识别和开发中的个体差异是夏恩模型的突出特点。在夏恩等人的倡导下，机会导向的创业研究在创业研究领域得到广泛认同，其概念框架也成为美国管理学会、百森创业研究会和部分创业专业期刊等划分研究主题的依据。

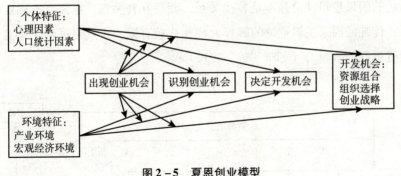

图2-5　夏恩创业模型

2.1.6　莎拉斯瓦蒂效果逻辑创业模型

莎拉斯瓦蒂（Sarasvathy，2001）认为机会导向的创业模型是基于因果逻辑构建的，即个体以开发机会为目标，首先识别机会，然后获取和组织资源开发机会，这种因果逻辑往往不能很好地解释现实的创业过程。因此，她提出了基于效果逻辑的创业模型。该模型认为，创业者在创业之初会首先考虑三个康德式问题："我是谁?"、"我知道什么?"和"我认识谁?"，以充分了解自己的个人特质、经历、能力、知识储备和社会关系，以及可以利用的手段和资源，而不是按传统做法去首先关注市场和需求，因为创业者要创立的事业可能当时还不存在相应的市场和需求。接着，创业者通常会考虑自己能承受的风险和损失，而不是估计可能实现的产出或收益。然后，创业者必须与其社会网络伙伴进行沟通，如果能够得到伙伴的支持，就可以突破自身资源的限制，通过建立利益相关者联盟来创建新企业。最后，为创业建立的利益相关者联盟可能会给企业带来新手段并设定新目标：新手段可以给企业带来更多的资源和合作伙伴；新目标则会促使创业者修正初始目标，形成下一阶段的目标。莎拉斯瓦蒂（Sarasvathy，2011）对将环境因素引入模型对模型作了修正（见图2-6），认为环境变化会影响创业手段并对创业行为形成约束从而影响创业目标，例如，环境变化会对使用资源的成本和收益、可用的技术和手段、创业者的观念、创业行为的合法性等产生影响。效果逻辑理论和传统的因果逻辑理论并不是替代关系，而是互补关系。在高度不确定的情况下，传统的因果逻辑理论的解释力往往比较有限，用效果逻辑理论对创业实践有更好的解释力（苏晓华等，2012）。

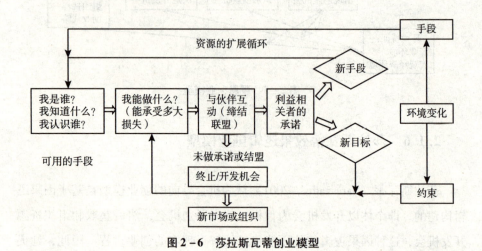

图 2 - 6　莎拉斯瓦蒂创业模型

2.1.7　总结性评述

总体来看，经典创业模型从不同角度解释创业过程。加特纳模型强调创业者、创业环境、创业组织和创业过程四个因素之间的相互作用，为多维、动态地研究创业问题奠定了基础。维克汉姆的创业模型以创业者为核心强调创业者的学习活动在创业过程中的关键作用。萨尔曼模型以创业环境为核心，强调环境变化对创业机会、创业资源可得性和创业者交易行为的影响。蒂蒙斯模型和夏恩模型均强调创业机会在创业活动中的核心地位。蒂蒙斯模型描述了商机的形式、大小、深度如何影响创业过程不同阶段所需的资源和对创业团队的要求。夏恩模型的突出特点是强调创业机会识别和开发中的个体差异。莎拉斯瓦蒂模型认为创业过程是基于效果逻辑而非因果逻辑，创业者在创业活动中需要首先考虑的是自身的条件而非外部的机会或资源。

2.2 农民创业相关研究评述

多年来，对创业活动的研究长期占据学术界至关重要的地位。作为创业研究的子领域，农民创业与农村创业分别以创业主体、创业环境为研究视角。欧美等发达国家的研究者从 20 世纪 60 年代开始关注农村创业问题。研究内容主要涉及发达国家农村地区的经济、政治、社会、文化、地理环境对创业的影响（Pautard，1965；Olmstead，1970；Hoy，1983；Bryant，1989；Curran & Storey，1993）。进入 21 世纪以来，经济全球化以及各国农业政策的不断调整使农业和农村环境发生显著变化，也使农村创业研究在发达国家受到更多重视，尤其是在农业政策剧烈变动的欧盟国家（Sophia Stathopoulou et al.，2004）。与农村创业研究的繁荣相比，农民创业在长期内并没有受到欧美学者的重视，只有少数学者关注发达国家农民作为创业主体的特质、能力及其创业中的障碍（Gerard Mc Elwee，2008；Chris Phelan，2010）。这是由于欧美等发达国家农村创业与城市创业的最大区别在于创业环境的不同，创业者的个人特征几乎没有任何差别（Henry et al.，2014）。因此，欧美等国学者偏向于按地域将创业划分为城市创业与农村创业。

由于与欧美发达国家国情不同，中国创业研究者主要关注农民创业问题，而很少使用"农村创业"一词。这可能是由于中国农村的创业主体大多为农民，而中国农民与城市居民在个人素质和能力、资源禀赋等方面差别较为显著。同时，中国处于转型期，农民分化明显，创业农民大致可以分为务农农民、返乡农民工、失地农民等。不同的农民群体在创业能力、创业资源获取、创业行为和绩效等方面也存在明显差异（孙红霞，2010）。因此，农民创业问题更符合中国转型期国情。郭军盈（2006）将农民创业定义为农民依托家庭组织（或者亲戚朋友关系形成的松散的非正式组织）或者创建新的组织，通过投入一定的生产资本，依托农村，通过扩大现有的生产规模或者从事新的生产活动开展一项新的事业以实现财富增加并谋求发展的过程。罗明忠

（2012）认为农民创业者从事个体工商经营、创办企业及基于市场销售目的的规模或特色种养、加工等价值创造的过程均属于农民创业的范畴。国内关于农民创业的研究可以划分为六个方面：农民的创业意愿和创业行动、农民对创业机会的识别、农民对创业资源的获取、农民创业的组织和管理、农民创业者的社会资本、农民创业的环境以及农民创业的功能和影响。

2.2.1 农民的创业意愿和创业行动

产生创业意愿是实施创业行动的前提，也是创业行动的直接预测指标。国外学者较早研究影响创业意愿的因素，从个体特征和环境两方面分析创业意愿的影响因素。个体特征主要包括人口学特征（Reynolds，1995；Zhao & Seibert，2005）、人格特质（Hmieleski & Corbett，2006；Barbosa et al.，2007；Zhao et al.，2009）和认知特征（Boyd & Vozikis，1994；Krueger & Brazeal，1994）。其中，对人格特质的研究多基于"大五"人格特质框架；对认知特征的研究则围绕"自我效能感"变量。关于环境对创业意愿影响的研究重点关注创业成功者的榜样作用对创业意愿的影响（Davidsson，2004；Van et al.，2008）。基于以上分析框架，国内研究者充分考虑中国国情，对中国农民创业意愿进行了相关实证研究：罗明忠（2012）考察了个体特征对农民创业意愿的影响，得出性别、家庭收入和打工经历与农民创业意愿直接相关；彭艳玲和孔荣等（2011）利用陕西省730个农户样本考察了创业自我效能感对农民创业意愿的传导作用，得出创业自我效能感对农民创业意愿有显著的传导作用，而可行性感知则在此传导机制中发挥中介作用；蒋剑勇和郭红东（2012）以全国644个非创业农民为样本，分析了农民创业意愿的影响因素，得出村庄创业氛围、家人亲友的创业示范和感知的强关系是影响农民创业意愿的重要因素。

创业动机与创业意愿是一对密切相关的概念，创业意愿强调人们是否想要创业这一结果，而创业动机强调人们思想深处想要创业的原因。蒂蒙斯（1989）认为一些行为学方法对创业动机研究有很大启示。例如，根据麦克利兰的心理动机理论，个人创业动机可能来自对成就的需求、对权力的需求和对关系的需求。罗明忠等（2012）认为按照马斯洛的个人需求层次理论，可以将创业动机划分为经济性动机和社会性动机。巴林杰等（Barringer et al.，2009）认为创业的基本动机有三个：做自己的老板、追求自己的创意和获得财务汇报。全球创业观察（Global Entrepreneurship Monitor，GEM）项目按照创业动机将创业分为生存型创业和机会型创业，是目前国内普遍接受的创业动机划分。生存型创业指创业行为出于别无其他更好的选择，即不得不参与创业活动来解决其所面临的困难；机会型创业指创业行为的动机出于个人抓住现有机会并实现价值的强烈愿望。孙红霞和郭霜飞等（2013）基于生存型创业和机会型创业的划分，分析了自我效能感和创业资源获取对农民创业动机的影响，得出结论为：机会识别效能感、组织承诺效能感、管理控制效能感对农民生存性和机会型创业动机都有显著影响，风险承担效能感仅对农民机会型创业动机有显著影响；财务资源和知识资源对农民机会型和生存型创业动机都有显著影响，人力资源仅对农民机会型创业动机有显著影响。杨婵和贺小刚（2017）基于2016年中国"千村调查项目"数据实证分析了家庭结构对农民创业动机的影响，得出社会精英家庭的农民创业以机会型创业为主，人力残缺家庭的农民创业以生存型创业为主。

产生创业意愿并不意味着一定会发生创业行动。一些国内学者对影响农民创业者实施创业行动的因素进行了研究。周菁华和谢洲（2012）分析了促使农民将创业意愿转化为创业现实行动的因素，得出外部环境的推动、对创业机会的正确解读和对项目风险的客观评价是影响农民实施创业行动的关键因素。朱明芬（2010）以杭州市为例，分析了影响农民创业的因素，得出区域经济发展水平对农民创业起决定性作用，受教育程度、家庭人口数和承包地面积对农民创业都有显著促进作用。夏公喜和湛中林（2010）以南京市为例，分析了大城市郊区农民创业的影响因素，得出工业化和城市化进程、特色产业集聚等宏观经济因素对农民创业的诱发以及地方政府激励强度是影响农民创业的主要因素。蒋剑勇和钱文荣等（2014）以全国986个农民为样本，实证分析了影响农民创业决策的因素，得出农村地区创业榜样、社会网络支持、先前管理工作经历和行业工作经历是影响其作出创业决策的重要因素。徐超和吴玲萍等（2017）利用中国居民收入调查数据库（GHIPS）分析了外出务工经历对农民创业的影响，得出外出务工经历对投资规模较小的创业和发展型创业影响显著，而对投资规模较大的创业和生存型创业影响不显著。杨婵和贺小刚（2017）研究家庭结构对农民创业行为的影响，得出农民的社会精英家庭背景显著提高了其开展创业的可能性，而人力残缺家庭背景则显著降低了其开展创业的可能性；强关系文化区域，社会精英家庭背景对农民创业的促进作用更大。

2.2.2 农民对创业机会的识别

创业机会是创业过程的核心要素。史蒂文森（Stevenson，1985）将创业定义为是不受当前资源条件限制而追寻机会，组合不同的资源以利用和开发机会并创造价值的过程。可见识别和利用机会在创业中的核心地位。德鲁克（Drucker，1985）提出创业机会的七种来源：意外之事、不协调、程序需要、产业和市场结构变化、人口变化、知识的创新以及认知、意义和情绪上的变化。张玉利等（2016）认为创业机会来自四个方面情境的变化：技术变革、政治和制度变革、社会和人口结构变革以及产业结构变革，并根据目的—手段关系将创业机会分为三种类型：识别型机会（目的—手段关系十分明显）、发现型机会（目的和手段有一方未知）和创造型机会（目的和手段皆不明朗）。巴林杰等（Barringer et al.，2009）总结了识别机会的三种途径：一是观察趋势，包括观察经济力量、社会力量、技术进步、政治活动和管制变革；二是解决问题；三是寻找市场缺口。在影响农民识别创业机会的因素中，国外学者强调创业警觉的关键作用（Kirzner，1973；Ardichvili，2003；Thomas，2006）。

国内学者对农民创业机会识别的研究主要分为两个方面：一是借鉴国外学者关于创业警觉的研究，分析创业者的创业警觉在创业机会识别中的作用。张秀娥和徐雪娇（2017）以6省468个农民为样本，实证分析了创业学习和创业警觉对农民创业机会识别的影响，得出创业学习（经验学习、认知学习、时间学习）和创业警觉（感知警觉性、思维警觉性、反应警觉性）均对农民创业机会识别有显著促进作用，创业警觉在创业学习与创业机会识别之间起部分中介作用。郭红东和周慧珺（2013）认为创业警觉是影响创业机会识别的关键因素，而先前工作经验和先前培训经历通过提高创业警觉间接促进农民创业机会识别。二是从创业机会信息的获得和认知角度，分析个人经历、社会网络等变量对农民创业机会识别的影响。郭红东和丁高洁（2012）以全国 445 个农民创业样本实证分析了农民创业机会识别的影响因素，得出网络规模、网络资源、组织参与、打工经历、创业经历、培训经历等因素能够显著提高农民识别创业机会的可能性。蒋剑勇和钱文荣等（2014）实证分析了影响农民识别创业机会的因素，得出农民的社会网络规模、关系强度、农村地区创业榜样、农民销售工作经历和创业经历是影响其创业机会识别的重要因素。黄洁和买忆媛（2011），利用全国 263 个农民创业者样本实证分析了社会资本对农民创业机会识别类型的影响，得出农民创业者初始社会资本中的强连带数量越多，越有可能导致"机会认出"，弱连带数量越多，越有可能导致"机会创造"。

2.2.3　农民对创业资源的获取

创业资源可得性很大程度决定了创业者能否成功地开发和利用创业机会。资源基础理论（tesource-based theory）强调企业内部资源对于企业生存和发展的重要性，将企业视为一系列不同用途资源的集合体（Penrose，1959），认为不可流动、难以复制的异质性资源是企业持续竞争优势的来源（Barney，1991）。受资源基础理论影响，国外大量研究关注创业中关键创业资源的识别。利皮特和施密特（Lippitt & Schmidt，1967）认为资金、技术、领导、声望、员工、外部联盟等是发展中企业的关键资源。邱吉尔和路易斯（Churchill & Lewis，1987）指出创意和专长、原材料、资金、员工、技术、信息等资源对企业的创建、生存和成功具有重要价值。阿尔瓦雷茨和布森尼兹（Alvarez & Busenitz，2001）认为不同组织的关键资源不完全一致的现象很可能是由于创业者的认知能力不同导致的。毕斯（Brush，2001）认为多数创业者在创业初期只拥有在以往教育和工作经历中积累的相对简单的人力和社会资本。他们利用这些资源进一步获取财物资源，并雇用和培训合格的人力资源。但新的资源需求会随着企业的发展而产生，创业者需要识别出这些资源需求，并以新的方式加以整合。新创企业初始资源禀赋的差异会导致不同的资源开发路径。国内关于农民创业资源的研究多围绕金融资源和人力资本两个方面，分析这些资源对农民创业行为和绩效的影响。

正规金融、非正规金融和政策性金融对农民创业行为和绩效的影响。刘新智和刘雨姗等（2017）利用中国家庭追踪调查（CFPS）数据实证分析了金融支持对农户创业决策和创业绩效的影响，得出非正规金融和正规金融均对农民创业有显著影响，东部地区正规金融与非正规金融均对农民创业产生有效支持；中部地区正规金融与非正规金融均不能对农民创业产生有效支持；西部地区正规金融不能有效支持农民创业，但非正规金融对农民创业影响显著。郭云南等（2013）运用农业部固定观察点调查和中国经济研究中心补充调查的数据考察了宗族网络通过影响融资进而影响农民创业的机制。研究表明宗族网络规模对农民创业影响不大，而宗族网络的强度有助于提高农民的民间借贷额，为其创业提供资金支持，从而有助于农民创业。在正规金融机构缺乏的村庄，以宗族组织为基础形成的民间借贷网络对农民创业的影响更大。马光荣和杨恩燕（2011）研究了基于社会网络的非正规金融对农民创业的影响，得出农民社会网络可以缓解农村信贷中的信息不对称问题，促进民间信贷，从而对农民创业行为和创业收入均有显著正向影响。李立和严立冬等（2017）研究了湖北省襄阳市政策性金融支持（小额担保贷款）对返乡创业农民省级的影响，得出贷款次数、额度显著影响农民的人力资本、物质资本以及金融资本，进而影响农民创业绩效。刘杰和郑凤田（2011）利用山西、甘肃、浙江894个农户样本实证分析了流动性约束对农户创业选择的影响，得出来自正规金融部门的流动性约束对农民是否选择创业和创业类型选择有显著的、一致的阻碍作用；来自非正规金融部门的流动性约束对农民是否选择和创业类型选择没有显著抑制作用。

农民创业者的人力资本对创业绩效的影响及农民创业培训。周菁华和谢洲（2012）以重庆市 366 个创业农民样本实证分析了农民创业者人力资本特点及其与创业绩效的影响，得出农民综合能力与创业绩效存在正相关关系，当前农民创业者的创新能力、发展能力仍处于中低层次，创新能力略好于发展能力。危旭芳（2013）利用全国 4614 家创业企业样本分析了农民在人力资本对其创业绩效的影响，得出学历教育对创业绩效影响不显著，先前工作经历对创业绩效有显著促进作用，郑军（2013）以山东省 6 个市的 453 位农民为样本，分析了农民参加创业培训意愿的影响因素，得出年龄、对创业培训项目的认可程度、对创业前景的担忧以及对参与创业培训的收益预期等影响对农民参加创业培训的意愿有显著影响。魏江和徐蕾等（2009）对少数民族地区农民创业培训的内容、对象、经费和组织做了具体分析，认为目前培训的主要问题是缺乏创业素质和意识的培训。

2.2.4　农民创业的组织和管理

新创企业的持续成长不仅需要创业资源的供给，还需要在创业过程的各个阶段建立匹配的组织模式和有效的管理制度。蒂蒙斯（Timmons，1996）认为，创业公司的共同特点是结构扁平化、高度适应性和灵活性。成功的创业者在营销、财务、决策团队、规划等四个管理领域是高效的。随着企业规模的扩大，企业的核心管理模式经历从自己做变成管理，再变成管理管理人员。国内关于农民创业的研究中对创业组织和管理关注较少，可以归纳为两个方面：

（1）关于农民创业组织形式的研究。罗明忠和张雪丽（2017）以广东省创业农民为研究对象，实证分析了社会网络对农民创业组织形式的影响以及风险容忍的中介作用，得出社会网络提高了农民独立创业的可能性，但社会网络又会带来农民创业者风险容忍度的提升，从而提高其联合创业的可能性。农民最终选择何种创业组织形式，取决于社会资本的直接效应和间接效应的相对大小。王阿娜（2010）认为与个体工商户和企业相比，专业合作经济组织是一种有独特优势的农民创业组织形式。邓俊淼（2010）对农民通过专业合作经济组织创业进行了单案例研究，得出农民通过合作经济组织创业能够有效缓解创业中的资金、技术和销售约束，从而把握创业机会、降低创业成本。

（2）关于创业资源管理的研究。张敬伟和裴雪婷等（2017）采用扎根理论研究了52个农民创业者的资源管理行为和资源拼凑策略，识别了构成农民创业者资源拼凑行为空间的6个因素（实物、人力、技能、顾客、自然条件和制度环境）和17种具体策略（废物利用、循环利用、公共平台、外部合作、供应商、顾客、员工、亲朋好友、自身技能、他人技能、现有顾客、潜在顾客、地理、气候、生物、规范、观念）。吴小立和胡新艳（2017）构建了一个农民创业的跨层次嵌入与乡村旅游资源的适应性管理的理论框架，分析了农民创业环境与行为的双向依赖特征，得出创业者特质及乡村旅游环境的动态性、跨层次嵌入必然引致对乡村旅游创业资源系统的修正和驱动。农民创业者既可重复利用异质性的乡村旅游优势资源，也可重构同质性的乡村旅游资源，创造异质性优势资源，关键取决于创业行为的时空情境与创业资源适应性协同管理效率。

2.2.5　农民创业的环境

创业环境是影响创业企业生存发展的重要因素。环境中资源的可利用性直接决定企业的生存（Romanelli，1989），环境中资源的丰富程度对企业的创业导向和以后发展有很大的影响（Castrogiovanni，1991）。创业环境是一个抽象的、多维度的概念，可以根据不同的标准对其分类。当前关于创业环境的权威分类有两种：一是戴斯和比尔德（Dess & Beard，1984）归纳的创业环境三维度，二是全球创业观察（global entrepreneurship monitor，GEM）项目构建的创业环境要素体系。戴斯和比尔德（Dess & Beard，1984）用宽松性、复杂性和动态性三个维度界定创业环境的特性。宽松性指环境中可用的和企业所需要的资源的稀缺或充裕程度；动态性指环境因素的变化；复杂性指的是环境因素的数量以及各种因素之间的差异性。GEM 项目把创业环境要素归为九个方面：金融支持、政府政策、政府项目支持、教育与培训、研究开发转移、商业和专业基础设施、进入壁垒、有形基础设施、文化与社会规范。

国内学者围绕创业环境的各个维度，分析了创业环境对农民创业行为及绩效的影响。吴磊和郑风田（2012）利用全国 628 个农民工创业样本考察了创业环境对农民工返乡创业的影响，得出融资环境和教育环境对农民工返乡创业影响不显著；市场环境和政府环境对农民工返乡创业影响显著；当地市场流动人口的增加和政府支持创业政策的出台以及农村社保体系的完善都会促进农民工返乡创业。张益丰和郑秀芝（2014）利用山东、江苏、浙江三省 1875 个农户样本重点分析了创业环境对农民创业意愿和农民创业绩效的影响，得出信息获取便利程度、创业扶植程度对农民创业意愿有显著促进作用，创业扶植程度、创业项目与本地农业关联度对农民创业绩效的影响显著为正。陈楠和杜磊（2018）分析了以家庭农场为组织形式的农民创业环境，基于 PSR 模型，构建了包含压力（P）、状态（S）和响应（R）三个维度、18 个指标的家庭农场创业环境指标体系，并采用熵权法对 2008～2015 年吉林省家庭农场创业环境进行了综合评价，得出：政府政策对家庭农场创业环境的改善有显著效果；政策效应的发挥具有时滞性；创业环境改善到一定程度会出现"平台期"，此阶段需要更深层次的政策优化。李树和于文超（2018）分析了 2006 年以来新一轮农村金融改革下的农村融资环境对农民创业决策的影响，得出：中国农村金融多样性对农民创业决策有显著促进作用；非正规金融机构对农民创业的作用强于正规金融机构；正规金融机构有助于"雇主"型创业、非正规金融机构有助于"自雇"型创业。王金杰和李启航（2017）认为，电子商务具有技术环境和市场环境双重特征，是中国农村重要的创业环境因素。电子商务可能与农民个体教育特征发生相互作用，与农民学历教育、默会知识、互联网学习等产生互补或替代作用，改善农民知识存量、交流密度和学习路径，进而影响农民创业选择。朱红根等（2015）利用江西省抽样调查数据实证分析了创业环境对农民创业绩效的影响，得出：经济发展环境和基础设施环境均对农民创业绩效有显著正向影响；科技文化环境和资源禀赋环境对农民创业绩效有显著负向影响；政府支持环境、创业氛围、金融服务环境等对农民创业绩效影响不显著。李后建（2016）研究了西部民族地区自然灾害冲击对农民创业行为的影响，得出自然灾害冲击显著提高了农民创业概率，这一影响随着关系嵌入性、教育水平、村庄交通和农民幸福感的提升而强化。郭云南和王春飞（2016）使用全国 11 省 5435 个农户家庭面板数据实证分析了新农合政策对农民创业行为的影响，得出新农合政策对农民创业有显著正向影响，这一影响在初始医疗支出较高或未来医疗负担风险较大的家庭中更强，宗族组织作为一种非正式风险分担制度对新农合政策的保险效应有替代作用。此外，张晓芸和朱红根等（2014）利用江西省 1716 个农民调查数据考察了农民对农村创业环境的满意度评价，结果表明：农民对农村创业环境满意度评价一般；在二级指标中，农民对基础设施环境的满意度较高，而对科技文化环境和金融服务环境的满意度偏低；在农村创业环境三级指标中，农民满意度列前三位的分别为通信设施、水电气设施和土地资源，而排在后三位的分别是银行提供的低息贷款、中小学教育对创业的关注以及政府提供的创业补贴。

2.2.6 农民创业的功能和影响

早在创业研究的早期，创业的功能和影响就已经收到主要研究者的重视。坎特龙（Cantlon，1775）肯定了创业者在经济系统中的地位，认为创业者的套利行为使得市场供需达到平衡。萨伊（Say，1803）认为任何产业的工作都包括创造知识、运用知识和具体执行三类活动，其中，由创业者担任的知识运用活动是一个国家或地区经济发展最为关键的因素。熊彼特（Schumpeter，1912）认为创业者通过创新活动打破旧的经济均衡使经济转向更高水平的均衡。我国学者对农民创业功能和影响的研究可以归纳为两个方面：

（1）农民创业对农业和农村经济的影响。韦吉飞和李录堂（2009）认为农民创业对农村二、三产业发展有持久拉动效应。薛继亮和李录堂（2009）认为农民创业是农村劳动力沿着农作物产品的横向优化，以及沿着种养加、农工商产业链的纵向优化。农民创业为农业专业化分工和农业经济增长提供了强大动力。李全轮和李永涛（2010）利用山东和河南2省325个农民创业样本分析了农民创业带动就业的效应，得出农民创业能够有效增加地区农民就业，特别在解决高中以下学历人员就业方面效果明显。古家军和谢凤华（2012）研究了我国各区域农民创业活跃度对农民人均收入的影响，结果表明：东、中部地区农民创业活跃度对农民收入有显著促进作用，而西部地区农民创业活跃度对农民收入影响不显著。徐超和宫兵（2017）关注农民创业的长期减贫效应，利用中国居民收入调查（CHIPS）实证分析了农民创业对贫困脆弱性的影响，得出农民创业能够显著降低农户家庭未来陷入贫困的概率，这一作用在非贫困家庭是显著的，而在贫困家庭是不显著的。韦吉飞（2013）以西北五省农民创业者为研究对象，用基尼系数分解法和收入模拟法研究了农民创业对农村收入不平等及贫困的影响。得出农民创业活动有助于农村贫困家庭收入的提高，但会加剧农村收入不平等。

（2）农民创业对乡村治理的影响。程伟和张红（2012）以河南省某村为例从村落社会交往和村落权利重构两个视角分析了农民工返乡创业对村落社会结构变迁的影响，得出返乡创业农民工社交中心普遍外移，超出熟人社会范围，促使传统社会关系网络的"差序格局"被打破；他们主动参与村落权利的重构过程，表现出更多的政治热情和对现代民主观念的践行。张秀娥和孙中博（2013）认为农民工返乡创业与社会主义新农村建设之间存在"推力—拉力"关系，农民工返乡创业解决了农村对具有较高素质的现代农民的需求，并将民主、文明之风带回农村，推动了新农村建设；新农村建设的成果又成为吸引农民工返乡创业的拉力。

2.2.7　总结性评述

梳理国内关于农民创业的文献可以得出，国内对农民创业的研究已经非常丰富，涉及经典创业模型中包含的诸多要素。但在工业化、城市化的背景下，农民非农创业问题得到了学界的广泛关注。与此相反，农民涉农创业问题却未受到足够重视。当前，我国农业现代化加速发展，农业经营主体逐渐由相对同质的小规模农户向以农业大户、家庭农场、农民合作社、农业企业为代表的新型农业经营主体转变。同时，农产品加工业、农产品电子商务、休闲农业、涉农服务业与制造业等涉农产业在农村不断涌现。新型农业经营主体的创立和涉农企业的培育都涉及机会识别、资源获取、组织治理等创业问题，以农民创业视角对其进行系统性研究不仅可以丰富农民创业理论，而且能够深化公众对我国农业现代化过程中新型农业经营主体和涉农产业的认知。这也是本书以农民涉农创业为研究对象的原因。此外，当前我国农民创业研究中还存在以下薄弱环节：

（1）已有研究对乡村创业机会的类型及发展方向重视不足。已有研究侧重于农民创业者的个人经历、社会网络、创业学习、创业警觉等因素对创业机会识别的影响而忽略了外部环境变化对创业机会产生和发展的影响。在"大众创业"和乡村振兴战略背景下，相关政策的出台必然影响农村创业环境，形成新的创业机会。为了使农民对当前乡村创业机会有系统化的了解，本书对新时期乡村创业机会类型做了归纳。

（2）已有研究对农民创业者人力资本的培育重视不足。关于农民创业者的研究大都围绕农民个体特征、家庭特征、社会网络以及宏观经济特征等因素对其创业意愿、创业动机或创业行动的影响，而对农民创业者人力资本的培育重视不足。在长期城乡二元体制影响下，农民的人力资本与城市居民相比较为薄弱，通过创业培训提高农民相关人力资本是推动农民创业的重要途径。本书实证分析了培训对农民创业绩效的影响，明确了当前农民创业培训的重点。

（3）对创业资源获取的研究以金融资源为主，但没有系统地考察社会资本结构对农民创业融资结构的影响和融资结构对农民涉农创业绩效的影响。已有研究支持在不完全信贷市场条件下，社会资本在农民创业者获取正规金融机构信贷和民间融资中的作用。但没有具体分析不同类型社会资本对农民创业者融资来源的影响。不同的融资来源对应着不同的融资成本、还款条件和激励监督，因而融资结构的不同可能对农民涉农创业绩效产生不同影响。但还没有研究专门探讨这一问题。

（4）已有农民创业组织管理的研究较少，主要涉及农民对独立创业和联合创业的选择、农民创业中的资源拼凑策略以及农民合作社在缓解创业资源约束方面的优势，但对能够获取关键资源和规避风险的新的创业组织形式重视不足。本书对农民合作社的治理机制、农业共营制中的利益相关者筛选和激励机制进行深入的案例分析，以丰富农民创业组织管理方面的研究。

（5）缺乏对农民创业政策的系统性研究。大量研究涉及农民创业过程中遇到的问题，但对农民创业中的政策需求和当前政策供给缺乏系统性分析，对农民创业的政策供需匹配情况未做深入探讨。本书基于大样本随机抽样数据进行政策优先序分析，并通过对近年来农民创业政策的梳理，系统地研究农民涉农创业中的政策供需匹配问题。

第 3 章

以社会资本为核心的农民
涉农创业理论框架

3.1　社会资本概述

3.1.1　社会资本的内涵

最早提出社会资本概念的是法国社会学家布迪厄（Bourdieu，1985），他认为社会资本是嵌入在人们的社会关系中，预期能够给人们带来收益或便利的资源。哈佛大学教授罗伯特·普特南（Putnam，1992）认为社会网络中的资源主要是指社会组织的某些特征，如社会信任、互惠规范和公民参与网络等，它们通过促进合作行动而提高社会的效率。与客观存在的社会网络或关系不同，社会资本是有意识或无意识的投资策略的产物。在能给人们带来预期收益和需要投资形成方面，社会资本与物质资本、人力资本并无本质区别，因而被社会资本理论的集大成者詹姆斯·科尔曼（Coleman，1988）认为是除物质资本、人力资本以外的第三大资本。

社会资本是一个跨社会学、经济学、管理学的概念，学术界对社会资本的内涵没有统一的认识。郭铖（2013）根据社会资本研究演进中的主要理论和世界银行社会资本测量体系将社会资本的内涵划分为五个方面：

（1）网络与组织。布迪厄（Bourdieu，1985）认为个人所占有的社会资本的多少取决于两个因素：一是行动者可以有效地加以运用的联系网络的规模；二是网络中每个成员所占有的各种形式的资本的数量。科尔曼（Coleman，1990）认为多功能社会组织和有意创建的社会组织是社会资本的重要形式。网络和组织是社会资本的基础和载体，网络和组织的数量、结构和强度决定社会资本的数量和质量。

（2）信任与预期。信任与预期是社会资本的核心要素，人们在相互信任的基础上形成互惠预期（Coleman，1990），互惠预期又会增强网络中个体之间的信任（Portes，1993），信任与预期能够促进合作的发生（Putnam，1996）。弗朗西斯·福山（Fukuyama，1997）在《信任：社会美德与创造经济繁荣》一书中强调社会资本归根结底体现的是一种网络成员之间的信任，指出社会资本对经济增长具有显著地促进作用，高信任的社会其经济发展水平高于信任度低的社会。

（3）信息与交流。信息是社会网络中的重要资源，它有两个基本功能：一是通过克服信息不对称降低交易成本从而促成交易活动；二是更充分的信息能够减少决策的不确定性，提高决策效率。语言和文字交流是建立社会关系、形成社会网络的重要环节，也是网络中的个体获取信息的基本方式。罗纳德·伯特（Burt，1992）提出的"结构洞理论"强调的就是有利的信息获取位置和直接交流的机会对市场主体获取资源从而获得竞争优势的作用。

（4）习俗与规范。长期居住在一个社区的居民在相互交往中通过多次的博弈，形成一系列的习俗或规范。习俗或规范因其趋同性使社区成员形成相互信任，并对"背叛者"施以孤立、惩罚。这种习俗或规范具有公共物品的性质，能够促进社区中的合作行为（Fukuyama，1997）。

（5）声望与权威。占有资源不同的人们，通过长期的交流与合作形成声望与权威，声望与权威的拥有者可以优先占有和控制资源。布迪厄（1985）认为：社会资本是一种通过对"体制化关系网络"的占有而获取的实际的或潜在的资源的集合体。这种"体制化关系网络"是与某个团体/阶级的会员制相联系的，获得这种会员身份就为个体赢得"声望"，并进而获得物质的或象征的利益提供了保证。科尔曼（1990）把权威关系作为社会资本的重要表现形式之一。

3.1.2 社会资本的分类

对社会资本分类有助于我们从不同的层面考察社会资本，以深化对它的认识。国外学者根据不同的标准对社会资本进行了分类：

（1）强联系与弱联系。林南（Lin，1981）按照网络主体所处社会阶层的不同，将社会资本划分为强联系和弱联系。他认为按照资源占有量不同，社会分为不同阶层。在同一阶层中，主体之间的联系往往以强联系形式存在，而不同阶层主体之间的联系则以弱联系形式存在。主体在采取谋利行为时能调动的社会资源水平受制于其网络关系的结构：主体外部网络中的弱联系越多，处于比自身更高地位的弱联系越多，主体就能从外部网络中获得越多的资源。

（2）结构型社会资本与认知型社会资本。诺曼·厄普赫夫（Uphoff，1996）将社会资本划分为结构型社会资本和认知型社会资本。前者是指社会资本中有形的方面，包括影响人们交互行为的网络、规则、程序、制度、组织等要素；认知型社会资本则是无形的，主要包括网络主体共同的价值观念、互惠预期、信任和声望等要素。

（3）微观、中观、宏观层面的社会资本。托马斯·布朗（Brown，1997）和埃莉诺·奥斯特罗姆（Ostrom，2001）的划分大体对应，都从微观、中观和宏观三个视角考察社会资本。微观视角的研究对象是个人，关注社会资本对个人的影响；中观视角强调社会资本的公共物品性质，研究个人之间关系网络的结构，以及这种网络结构如何形成社会资本；宏观视角的研究将社会资本与集体行动和公共政策联系起来，关注社会资本的网络如何与更大的政治经济体系互动。

3.1.3 我国农村的社会资本

在我国农村存在着丰富的社会资本。费孝通（1985）提出"差序格局"的概念来描述中国乡土社会的社会结构及人际关系的特点，认为"中国乡土社会是一个以血缘为中心的传统亲属关系占据重要地位的熟人社会，处于核心位置的是个人所在的家庭，沿着家庭向外推延是他所在的家族，然后是更外层的社会关系。"[①] 这种按照血缘关系、亲缘关系、地缘关系构成的社会关系网络中包含着丰富的社会资本存量。新中国成立以来，传统家庭模式发生了巨大的变化，例如，由扩展家庭变为核心家庭、取消了包办婚姻，但中国家族主义的部分特征依然得以延续，如对于家庭和亲友的忠诚、为了家庭利益不惜牺牲个人利益等，家族主义和家族忠诚是"经济发展的社会基础"（Whyte，1995）。差序格局理论关于中国乡土的社会状况的论述与社会资本范式有诸多相似之处，这一现状使社会资本理论能够容易找到理论的原形和证明的依据（杨瑞龙，2002）。近年来，随着城市化和工业化的加快，我国农村社会也发生了深刻的变化，表现在人们的信任方式、行为规范以及社会网络都有所改变，狭小而稳固的信任关系逐渐被广泛而薄弱的信任关系取代，生产过程中的互助与合作被市场经济条件下的"互惠互利"取代；基于血缘和地缘关系形成的社会关系网络逐渐被"工具性"或"功利性"的社会关系网络取代（汪小勤和汪红梅，2007）。但对于大多数农户来说，传统的社会网络依然在发挥主要作用。城乡分治的二元化结构下农民很难真正融入城市，土地承包经营权仍是他们最后的生活保障，加上长期小农经济的熏陶，厚重的乡土情结使外出打工的农民倾向于建立起以家乡为中心的情感纽带（郑世忠和乔娟，2007）。此外，在旧的社会资本削弱的同时，农村中新型的社会资本也在逐步建立，如村民自治制度的不断完善；农村合作经济组织，特别是农民专业合作社的快速发展；农村信息化建设的加强。这些变化都促进了我

---

① 费孝通. 乡土中国 [M]. 北京：北京出版社，2015.

国农村的社会资本存量的增加。

3.2 以社会资本为核心的农民涉农创业理论框架

3.2.1 农民创业中的社会资本

随着经济发展实践和经济学理论的不断推进，对农户行为的研究必然会突破农户个体的限制，而越来越重视农户所处的社会网络及环境对农户行为的影响。特别是在我国农村地区，相对紧密的社会网络仍然深刻地影响着农户行为，如何充分利用农村社会网络创新发展模式、优化经济结果对推动我国农村发展有重要的政策意义。因此，在考察农户行为时更多地关注农户所处的社会网络，深入研究社会网络对农户行为的影响机制，是推进农户行为研究的一个方向，在对农民创业的研究中也是如此。社会资本理论将微观层次的个人经济决策与社会网络结合起来，将个人选择与集体和社会选择联系起来，为经济学研究的推进提供了有力的理论工具。

近年来，农民创业中社会资本的作用受到越来越多国内学者的关注。黄洁和蔡根女（2010）将创业农民工的社会资本分为强连带和弱连带。前者指农民工在家乡的亲戚、朋友等社会网络；后者指农民工在打工地认识的熟人。并研究得出强连带对返乡农民工创业机会识别作用更大。陈昭玖和朱红根（2011）用话费支出、常联系朋友个数、可借款人数、家庭人口数及婚姻状况衡量返乡农民工的社会资本，并研究得出社会资本是影响农民工返乡创业获取政府支持的重要因素。朱红根和解春燕（2012）认为社会资本一方面能使企业有更多的资源获取渠道，另一方面能有效降低企业成长过程中的各种交易成本和经营风险，从而有利于企业绩效的提高。郭红东和丁高洁（2013）借鉴李新春和刘莉（2009）的研究将农民的社会网络划分为社会性关系网络和市场性关系网络。前者指基于非商业化的社会合约而建立的关系；

后者指基于单纯的商业交易原则，通过谈判对双方的利益、责任和风险进行清晰界定的关系。并研究得出：两种社会网络都有助于创业者获取创业资源从而提高创业绩效。蒋剑勇和钱文荣等（2013）认为农民创业者的社会网络和社会技能是影响其创业资源获取的关键因素，并利用全国324个样本进行实证研究得出：社会网络规模影响资源获取效果；关系强度影响资源获取效率；社会网络规模显著影响物质资源和资源获取；关系强度显著影响物质资源获取；社会技能有助于提高农民创业者对创业资源的获取。总体来看，已有研究涉及社会资本对农民创业机会识别和创业资源获取的影响，重点关注社会资本在创业资源获取中的作用，研究结论都反映社会资本对农民创业有促进作用。

3.2.2　以社会资本为核心的农民涉农创业理论框架

多数农民涉农创业以农村为场所，但当前我国农村地区要素市场和产品市场还不完善，创业者不得不充分利用社会资本突破环境中的资源约束和市场约束。社会资本在创业资源获取、创业组织管理等环节中发挥重要作用。但国外创业理论框架对社会资本在创业中的地位重视不足。经典创业模型中，萨尔曼模型和莎拉斯瓦蒂模型均涉及创业者与其社会网络间的互动对创业成功的重要性，前者强调创业者与资源供应者之间的交易行为对开发创业机会的重要性；后者认为利益相关者联盟能够突破创业者自身资源约束，带来新手段并设定新目标，从而推动创业过程。但这两个模型均以市场机制较为完善的美国为研究背景，模型中创业者与资源供给者（利益相关者）之间的关系主要体现为正规市场上的交易关系。为了反映中国情境下农民涉农创业的突出特征，有必要在创业模型中凸显社会资本重要地位，构建新的创业模型。

本书构建了以社会资本为核心的农民涉农创业理论框架（见图3－1）。模型中，创业是创业者利用创业机会的过程，创业机会则产生于经济环境的变化。创业者为了开发和利用创业机会，一方面，需要获取创业资源，创业资源既包括各种物质的生产要素，也包括市场信息、销售渠道等非物质因素；另一方面，需要通过设立适当形式的组织并施加科学的管理使创业资源得到合理配置。创业资源、组织管理和创业机会三者之间的互动构成创业过程的基本框架，这与蒂蒙斯的"商机—资源—团队"三要素动态匹配模型相似。但与蒂蒙斯模型不同，本模型强调社会资本在创业资源获取与创业组织管理中的核心作用。

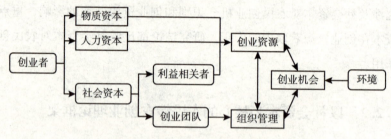

图 3-1　以社会资本为核心的创业模型

（1）社会资本、利益相关者与创业资源获取。为了开发和利用创业机会，农民创业者除了自身的物质资本和人力资本作为初始的创业资源外，还需要从环境中获取新的资源以弥补自身资源的不足。利益相关者理论认为，利益相关者是向企业投入实物、人力、资金等资源，并承担一定风险（Clarkson，2014），从而影响企业目标实现的个人或组织（Freeman，1983）。从环境中识别和筛选利益相关者并对其实施必要的激励使其提供创业所需资源是创业成功的必要条件。利益相关者是创业者社会资本的重要组成部分，是创业者为了实现目标对已有社会资本的重塑或拓展。利益相关者可以基于农村地区的血缘、地缘形成，也可以由创业者在创业过程中通过长期的交易关系形成或者通过政府的制度安排形成。

（2）社会资本、创业团队与创业组织管理。在复杂多变的市场环境下，农民为了有效利用创业机会、规避创业风险，往往采取团队创业的方式。创业团队即创业合伙人，他们为共同目标努力、共享创业收益、共担创业风险。

创业团队也属于创业者社会资本，是由创业者在严格自我评估的基础上从关系网络中选择出的合作伙伴。创业团队处于企业高层管理者位置，他们直接负责企业的战略性、全局性的决策问题，他们的股份和权力分配对企业的组织形式和治理机制产生深远影响。

基于以社会资本为核心的农民涉农创业理论框架，本书首先分析了当前农民涉农创业的机会以及农民涉农创业者的人力资本，然后围绕农民涉农创业者的社会资本，依次分析了社会资本对农民涉农创业者突破环境约束、获取创业资源、创业组织治理的影响以及政府在农民创业者社会资本重塑和拓展中的作用。

第 2 篇

当前农民涉农创业机会与
农民涉农创业总体特征

第 4 章

农民涉农创业机会

　　创业机会的识别和利用是创业的本质，也是创业过程的核心。创业机会主要来源于经济环境的重大变化，当前我国农业发展背景发生了显著变化：第一，城市化的推进以及适龄劳动力人口数量的减少①使农业规模化经营以及配套的农业社会化服务成为必要。第二，国民收入提高和城市化的发展推动了居民对农业需求的升级，居民对更丰富、更优质食品的需求以及对农村的生态环境、生活方式、乡土文化的需求必然带来农村产业结构的相应调整。第三，相关技术特别是信息技术已经在逐步改变农业的销售方式、生产要素供应方式以及生产方式，相关技术的进一步推广必将深刻改变农业经营方式。第四，政策层面，2017 年中央一号文件提出"深入推进农业供给侧结构性改革，加快培育农业农村发展新动能，开创农业现代化建设新局面"的发展任务；2018 年中央一号文件提出"实施乡村振兴战略"的战略部署，政策的有力支持必将显著提升农村创业环境，为农民涉农创业提供更有利的条件。可以预见，未来的农民涉农创业将与国家经济发展大势相适应，把"规模化经营""农村产业融合""互联网＋"等先进理念引入创业活动，使农业资源得到更合理的配置、使居民对农业的需求得到更有效的满足、使农民收入得到

---

　　① 根据中国国家统计局公布的数据，截至 2016 年底，我国 16～60 岁的劳动人口数量较 2011 年减少约 3325 万人。根据国际货币基金组织（IMF）2017 年公布的报告指出，未来 30 年，中国的适龄劳动人口可能减少 1.7 亿。

更显著的提高、使农村经济实现更大的繁荣。具体来看，农民涉农创业方向可以分为四类：一是农业规模化经营；二是农业社会化服务；三是农村产业融合发展；四是"互联网＋农业"。

4.1 农业规模化经营

随着农业劳动力数量的减少和农村土地流转市场的逐步完善，土地流转和适度集中将成为不可阻挡的趋势，实现农业规模化经营是农业现代化的核心环节。而农业规模化经营的主体作为规模化经营的践行者和推动者，将成为农民创业的主要方向之一。当前我国农业规模化经营主要包括农民专业合作社、家庭农场以及合作农场三种模式。①

4.1.1 农民专业合作社

长期以来，农户家庭是我国最主要的农业经营主体，由于势单力薄、市场竞争能力弱，农户在市场交易中往往处于不平等的谈判地位。农民专业合作社的快速发展正是基于农民改善不利市场地位的需要。根据《中华人民共和国农民专业合作社法》的规定，农民专业合作社是在农村家庭承包经营基础上，同类农产品的生产经营者或者同类农业生产经营服务的提供者、利用者自愿联合、民主管理的互助性经济组织。农民专业合作社以其成员为主要服务对象，提供农业生产资料的购买，农产品的销售、加工、运输、贮藏以及与农业生产经营有关的技术、信息等服务。

自 2007 年《中华人民共和国农民专业合作社法》颁布实施以来，农民

---

① 当前专业大户和农业生产企业也属于农业规模经营主体。但长期来看，专业大户有转化为家庭农场的动力（高强等，2013），因此专业大户不是未来农业规模经营模式的主流。而企业直接参与农业生产环节容易造成农地非农化、非粮化及侵害农民利益的情况（高强和孔祥智，2016），当前政府和学术界对企业直接参与农业生产持保留态度。

专业合作社进入了依法发展的新时期，合作社成员人数逐年递增。据农业农村部统计，截至 2018 年 9 月底，我国依法登记的农民专业合作社达到 213.8 万家，入社农户占全国农户总数的 48.5%，平均每个村 3 ~ 4 家合作社。我国农民专业合作社通过为成员提供统一销售服务，有效解决了农产品卖难问题，不仅逐渐成为中国现代农业的生产经营主体，还成为提供社会化服务、带领农民增收的主要力量。合作社在促进农业技术推广、推动农地流转、推进农业生产标准化、开展农产品品牌化经营、发展"农超对接"等新型营销模式以及创新农村社会管理、辅助国家实施扶贫开发政策等方面发挥了巨大的积极作用，成为通过规模化家庭经营与专业化合作的新型农业双层经营体制实现中国农业顺利转型升级的推进者。

近年来农民专业合作社的发展趋势表现出四个主要特征：一是从横向合作向纵向合作深化。横向合作是指相同生产类型或从事相同农业生产环节的农民之间的联合，以增强其市场谈判力，这是农民创办合作社的基本动因。纵向合作是指以产业上下游主体间的合作，通过纵向合作可以降低纵向交易成本并获取产后增值收益。二是从单一功能向多种功能拓展，由最初的提供农业技术引进、统一销售等功能逐渐向农资采购、包装加工、运输营销、品牌经营、信息获取、融资支持、土地流转服务等产前、产中、产后的社会化服务拓展。三是从传统合作向新型合作演变。类似于欧美"新一代合作社"，我国大部分农民专业合作社也引入了股权因素，体现"比例原则"。但是，与欧美的"新一代合作社"相比，国内的"新一代合作社"也有其不同之处，欧美的是以农民合作为主、股份合作为辅，而国内目前的状况是大户或农业龙头企业牵头，合作成分较少。四是从农户间合作向社际协作迈进。国内农民专业合作社发展的还有一个走向是从农户之间的合作向合作社与合作社之间的合作迈进，很多地方都出现了合作社联合社。在一个区域内把涉及某个农业产业的农民专业合作社、农业技术协会、农业龙头企业、农资供应商以及相关政府事业单位联合起来成立联合社，来共同促进该产业的发展。

农民专业合作社是一种农民合作创业的形式，由于具有社员控制、民主管理、资本报酬有限、按惠顾额返还等特点，它对农民增收有较大促进作用。

但当前农民专业合作社也表现出很多问题，主要有股份化倾向、管理权向少数人集中、分配以按股分红为主等，这些问题的结果是普通社员无法分享合作社发展成果。因此，当前促进农民专业合作社健康发展的关键是要进一步协调效率与公平间的关系。

4.1.2　家庭农场

家庭农场产生于我国家庭承包经营的农业制度下，是家庭承包经营对变化了的市场环境和政策环境的响应。随着我国工业化的发展和城市化的推进，大量劳动力向城市转移，由此造成在农村地区土地资源和劳动力资源新的不匹配情况，迫切需要通过新的组织形式来实现农村资源的优化配置。家庭农场正是以市场化、企业化的经营方式将专业农民、大面积耕地、社会化服务等要素组织起来，是农业资源优化配置的一种组织形式。

家庭农场兼具家庭经营和企业经营的特点，通常以自有劳动为主，以雇佣劳动为辅，符合农业生产的复杂性和难于监督的特点。同时，家庭农场通过租赁土地、融通资金、利用社会化服务等方式实现了资源优化配置，提高了农业生产效率。因此，家庭农场逐渐成为一种重要的新型农业经营主体。据农业部统计，截至 2012 年底，全国共有家庭农场 87.7 万个，平均每个家庭农场有劳动力 6.01 人，其中家庭成员 4.33 人，长期雇工 1.68 人。从经营范围来看，主要以种养业为主。在全部家庭农场中，从事种植业的有 40.95 万个，占 46.7%；从事养殖业的有 39.93 万个，占 45.5%；从事种养结合的有 5.26 万个，占 6%；从事其他行业的有 1.56 万个，占 1.8%。全国家庭农场经营耕地面积达到 1.76 亿亩，占全国承包耕地面积的 13.4%。平均每个家庭农场经营规模 200.2 亩，约为全国承包农户平均经营面积的 27 倍。与普通农户相比，家庭农场的增收效果十分明显。2012 年全国家庭农场经营总收入为 1620 亿元，平均每个家庭农场为 18.47 万元。

家庭农场的产生是为了适应农业生产要素优化配置的需要，能否实现农业生产要素的优化配置是决定家庭农场成败的关键。具体来说，家庭农场的发展主要取决于三个要素：一是要有高素质的职业农民作为经营主体。家庭农场实行市场化导向、企业化经营，这就要求家庭农场的经营主体不仅要有与农业生产相关的知识和技能，同时也应具备市场化的理念和一定的经营管理能力。因此，培训职业农民是家庭农场发展的必要前提。二是要有完善的契约保障土地经营权的稳定性。家庭农场经营的土地以流转土地为主，以自有土地为辅。能否保证土地经营权的稳定性关系到家庭农场能否持续稳定经营，因此，在推动土地经营权流转，实现土地适度规模经营的过程中，要强化对土地经营权的保障。三是要有健全的农业社会化服务体系相配套。在土地规模化经营过程中，必须保障相应地基础设施和生产要素与其配套，才能实现农业生产要素的优化配置，真正实现农业规模经济。这就需要加强农业社会化服务体系建设。一方面，积极推进基层公共服务机构改革和建设，鼓励基层农技人员加强与家庭农场对接，为其提供个性化、综合性服务；另一方面，以市场为导向，鼓励龙头企业、合作社、专业服务公司、专业技术协会等经营性农业社会化服务主体发展。

4.1.3 合作农场

与家庭农场产生的背景相同，合作农场的产生也是基于城市化背景下农村地区土地资源和劳动力资源不匹配的情况。但合作农场产生于集体经济较为发达的地区，以苏州市为代表。合作农场经营机制可以总结为"土地股份合作，生产专业承包"，即以村为单位成立土地股份合作社促进土地流转，并在土地股份合作社基础上组建合作农场，对农业生产进行专业化承包，实行"大承包、小包干"生产制度，将农业生产经营活动承包给农业职业经理人或职业农民，由他们负责具体的农业生产经营活动，并建立激励约束机制，细化奖惩规则按照产量和成本等绩效考核获取报酬。截至 2012 年底，苏州市全市共组建合作农场 95 家，经营土地面积 102847.68 亩。

合作农场的优势主要体现在以下几个方面：一是土地整村流转、统一经营，可以有效避免分散流转造成的土地经营规模较小、地块分割严重的问题。

二是"土地股份合作"将所承包土地的经营权转化为长期股权，将农地的具体经营委托给合作社，不仅可以获得保底的流转收益，而且可以根据合作农场的经营情况获得二次分红，可以更好地促进农民增收。三是可以有效确保农地农有、农地农用，避免土地流转给企业带来的一系列问题。四是在实现规模经营的同时，通过绩效挂钩、层层落实责任、明确奖惩措施等现代经营管理方式解决了农业生产中的监督和激励问题，提高了规模经营的效率。

合作农场的发展主要依赖于村集体的领导和经营能力。村集体需要具备强大的资金实力和组织管理能力，有能力投资于农田基础设施、农业机械及农业技术，并将村中的土地、资金、劳动力资源有效整合，成立合作农场并引进现代管理制度对农场进行管理。"土地股份合作，生产专业承包"经营体制最主要的潜在风险也在于其很大程度上依赖于农村集体经济组织或村委会。这种制度需要懂管理、会经营、有组织能力和执行能力、公正廉洁透明的村集体领导班子，而一旦村集体领导班子不具备这种能力或出现变故，合作农场的管理和生产经营都会受到影响，激励机制和监督考核机制都将失效。因此，为了促进"土地股份合作，生产专业承包"经营体制的健康发展，需要通过立法明确农村集体经济组织作为农村集体资产的财产权行使主体的法律地位、赋予农村集体经济组织以法人地位，并明确政府部门对农村集体经济组织的管理职责，制定农村集体经济组织管理办法。

4.2　农业社会化服务

农业社会化服务是指政府及其他公共机构、农民专业合作组织、龙头企业、科研院所、个体经销商等为农户的农业生产经营活动所提供的各种服务，服务内容涵盖农业生产的各个环节（孔祥智，2013）。农业社会化服务包括的内容十分宽泛，包括物资供应、生产服务、技术服务、信息服务、金融服务、保险服务，以及农产品的包装、运输、加工、贮藏、销售等与农业相关的生产性服务。农业规模化经营需要大量的生产要素投入及产前、产中、产后环节的各种服务，必须依靠健全的农业社会化服务体系才能实现。农业社会化服务体系由公益性服务体系和经营性服务体系组成。截至 2012 年底，全国种植业、畜牧兽医、渔业、农机、经营管理等系统共有县乡两级公益监管服务机构 14 万多个，人员约 83 万人（高强和孔祥智，2013）。随着市场化改革的不断推进，经营性服务主体蓬勃发展，企业、农民专业合作社、农机服务队、基层农资供应商等各种主体在社会化服务体系中扮演着生力军的角色。当前，除了农业龙头企业为关联农户提供的农资供应、农机作业、技术指导、疫病防治、市场信息、产品营销等服务以及农民专业合作社在农业生产、加工、流通等环节对其社员提供的服务外，农机服务、劳务服务、农业生产资料与疫病防治服务及农村物流也是农业社会化服务的重点领域，这些领域也将成为农民创业的可行选择。

4.2.1 农机服务

农地规模经营的优点主要在于能够充分提高农业技术和农业机械的利用效率，降低这些现代要素的单位成本，农业机械化水平的提高是农业规模经济实现的重要前提。农机服务队、农机合作社等服务主体能够有效解决单个农业经营主体买不起大型农机的难题或农机利用低效的问题，通过专业化经营有效发挥大型农机作用，提高农业规模化经营效率。

4.2.2 劳务服务

在大量农业劳动力流向工业和城市的背景下，农业规模化经营往往会面临劳务短缺问题。同时，土地流转后会形成一部分农村闲置劳动力，这些劳动力大多年龄大、文化低、技能差，就业比较困难。如何解决这些人的就业和收入问题，是土地流转后一个突出的问题。通过组建劳务服务队，将闲置劳动力组织起来，进行各种劳动技能的培训，再对外承揽业务，帮助他们实现就业，既解决了农村闲置劳动力的就业问题，又为规模化经营主体提供了稳定的用工来源，促进了农地规模经营的发展。

4.2.3 农业生产资料与疫病防治服务

随着农业、农村中市场化程度的提高以及经营者服务意识的觉醒，以农业生产资料服务和疫病防治服务代替单纯的农资农药供应，将是未来农业要素市场的发展趋势。这些新型的服务商将为农户提供土地指标与作物指标的测量，在此基础上为农户提供农业生产资料使用的技术指导，并即时向客户发布新的农业技术，详细介绍其主要功能、适用条件，促进农业技术的推广。

4.2.4 农村物流服务

农村物流体系的完善是发展农村电子商务的前提，是改善农村流通渠道、提高农村经济效率的必然要求。2019 年中央一号文件提出要完善县乡村物流基础设施网络，支持产地建设农产品贮藏保鲜、分级包装等设施，鼓励企业在县乡和具备条件的村建立物流配送网点。以农业生产资料、农产品以及农村消费品为主要对象的农村物流将成为农民涉农创业的又一重要方向。

4.3 农村产业融合发展

2015 年中央一号文件提出要"推进农村一、二、三产业融合发展"，为我国农业和农村经济的发展提出了方向。农村产业融合发展以农村一、二、三产业之间的融合渗透和交叉重组为路径，以产业链延伸、产业范围拓展和产业功能转型为表征（姜长云，2015）。现代农业的发展从根本上要依托于现代社会对农业的需求，这种需求包括两个方面，一是居民对安全、优质食品的需求；二是现代社会对农业农村的生态环境、生活方式以及乡土文化的需求。因此，要促进农村一、二、三产业融合发展，一要大力发展农产品加工业，以农产品加工业引导农业资源配置，带动农业部门经济效率的提高；二要拓展农业的多种功能，发展休闲农业、乡村旅游等生活性服务业。

4.3.1 农产品加工业

农产品加工业承前接后，在整合农业生产、加工和销售消费等环节，融合一、二、三产业发展中发挥着关键作用。当前要促进农产品加工业在农村产业融合中的作用要从两个方面着力：一是健全农产品加工业与上下游环节的利益联结机制。健全的利益联结机制能使产业链各方获得与其贡献相对应的报酬，而这又是农产品加工业获得稳定的原料来源和销售渠道的保障，也是整个农业部门高效、良性发展的保障。二是建设食品追溯体系。建设贯穿于农业生产、农产品加工、食品销售环节的信息库，将相关环节对消费者有用的信息以二维码的形式反映在最终农产品上。一旦农产品质量出现问题，即可找出是哪个环节出的问题，从而有效解决食品安全问题。2019 年中央一号文件提出"支持发展适合家庭农场和农民合作社经营的农产品初加工"。在政策的支持下，农民可以利用其原料产地优势，以家庭农场、合作社等为载体发展农产品加工业，积极建立稳定的销售渠道，并探索引入信息技术构建产品信息库，逐步形成农产品品牌，实现农产品加工业领域的创业。

4.3.2 休闲农业与乡村旅游

由于在发生地点、依托资源、实现功能等方面的交叉，休闲农业与乡村旅游经常被混用。实际上，在理论和实践中，休闲农业和乡村旅游是两个差异显著的概念。休闲农业本质上是一种新型的农业经营形态。将农业从单一的食品、衣物保障功能向生态保护、休闲观光、就业创收、文化传承等多功能拓展，满足城乡居民休闲消费需要。而乡村旅游是一种以休闲度假、探亲访友、教育、健康医疗等为目的旅游活动，作为旅游活动，乡村旅游强调"异地性"条件，即基于区域差异，培育旅游吸引物。从政府管理层面上来看，休闲农业与乡村旅游是归属清楚、分工明白的，前者归属农业农村部，后者由文化和旅游部管辖。

2016 年 9 月，农业部会同国家发展改革委、财政部等 14 部门联合印发了《关于大力发展休闲农业的指导意见》。该意见提出要鼓励各地大力发展休闲度假、旅游观光、养生养老、创意农业、农耕体验、乡村手工艺等，促进休闲农业的多样化、个性化发展；鼓励各地探索农业主题公园、农业嘉年华、教育农园、摄影基地、特色小镇、渔人码头、运动垂钓示范基地等，提高产业融合的综合效益；并实施中国传统工艺振兴计划，支持发展妇女手工艺特色产业项目。目标到 2020 年，休闲农业产业规模进一步扩大，接待人次达 33 亿人次，营业收入超过 7000 亿元。可以预见，休闲农业将是未来农民创业的热点领域。同时，我国很多农村蕴含着丰富的旅游资源，包括乡村景观、民俗传统、耕作方式及手工艺传承、民间文艺、建筑文化、民族风情等。立足地方实际，深度挖掘乡村旅游资源，打造特色鲜明、形式多样的乡村旅游产品，是旅游村镇人们创业的重要途径。

4.4 "互联网 + 农业"

2015 年 3 月 5 日，李克强总理在政府工作报告中首次提出"互联网 +"行动计划以来，"互联网 + 农业"成为我国农业发展的热点领域。"互联网 + 农业"的核心是用移动互联网、物联网、大数据、云计算等信息技术促进农业部门效率的提高。信息技术作为第三次科技革命的核心，已经并正在深刻地影响着人们的生产方式和生活方式。在农业方面，信息技术至少可以起到如下作用：通过发展农产品电子商务，减少农业生产者和农产品需求者间的信息不对称，优化农业经营者的生产决策；通过发展农业生产资料网上服务，实现农业生产资料的优化配置，提高农业生产效益；通过构建农产品追溯体系建设，促进农产品质量提高，进而增加农业附加值；通过农业生产环节信息技术的利用，发展智能化农业。

4.4.1　农产品电子商务

各种形式的电子商务为农业经营主体、农产品批发、零售商发布供需信息提供了便利，从而有助于相关主体优化决策，提高了农业部门的经济效率。当前农村电子商务平台主要有两类：一是京东、天猫等第三方销售平台；二是微信、QQ 等社交工具。相关主体可以利用这两类平台发布供求信息、并发展众筹、O2O 等新型农业业态。同时，开展电子商务培训也成为农民工返乡创业培训的重点。国务院办公厅 2015 年 6 月发布的《关于支持农民工等人员返乡创业的意见》提出，到 2017 年全国创建 200 个电子商务进农村综合示范县，建立完善的县、乡、村三级物流配送体系等。国务院办公厅 2015 年 11 月发布的《关于促进农村电子商务加快发展的指导意见》提出到 2020 年，初步建成统一开放、竞争有序、诚信守法、安全可靠、绿色环保的农村电子商务市场体系。根据《中国农村电子商务发展报告 2016～2017》的数据：截至 2016 年年底，农村网店达 832 万家，占全网 25.8%，带动就业人数超过 2000 万人。农村网络零售单品数（SKU）达到 2.93 亿个，占全网 20.3%。2016 年全国有网商的村庄比重为 17%，东部为 64.5%，中部为 19.6%，西部仅有 8.1%。农村网商发展向中、西部地区辐射。可以预见，在政策的促进及农民的广泛参与下，产品电子商务将有更快速地发展。

4.4.2　农业生产资料网上服务

农业生产资料网上服务的核心是将农业生产资料供应与农业生产服务精准地结合起来。农资企业可以通过建设农资网上服务平台发布其产品信息及相关技术指导。农业经营主体登录农资网上服务平台并输入关键土地指标、作物指标等，就可以获得使用哪种肥料、农药，何时使用，怎么使用，以及在哪里购买可以获得最优惠的价格等信息，从而做出使用生产资料的优化决策。同时，通过对农业经营主体农资需求信息的汇总，可以持续预测农业生产资料需求情况，为农资企业提供生产决策依据。此外，该平台还可以通过即时发布新的农业生产技术，详细介绍其主要功能、适用条件、研发单位等信息，促进新技术的推广。

4.4.3　农产品追溯体系建设

通过发展农产品电子商务和农业生产资料网上服务，可以为农产品追溯体系的建立创造条件。随着农产品电子商务和农业生产资料的规范化，农产品网上交易平台则要求与其合作的农业经营主体将农业生产资料种类、使用量、来源、农产品主要营养成分、采摘日期、生产者等信息录入信息库；农资企业也将每一笔交易农资产品的各项成分、生产日期、负责人员等信息录入信息库；通过这些工作的实施，可以将农产品的有用信息以二维码等形式反映在最终农产品上。一旦农产品质量出现问题，即可找出是哪个农业经营主体生产的，并可进一步追溯到其使用的农业生产资料是哪个农资企业生产的。追溯体系将从根本上改善食品安全现状。

4.4.4　智能化农业

从长远来看，"互联网＋农业"必然从流通环节逐步向生产环节扩散。发展智能化农业，即依托部署在农业生产现场的各种传感节点和无线通信网络实现农业生产环境的智能感知、智能预警、智能分析、智能决策、专家在线指导，为农业生产提供精准化种植、可视化管理、智能化决策，发展高投入、高产出、规模化、工厂化的设施农业和精品农业，提高农业水利化、机械化和信息化水平，提升农业竞争力（郑国清，2015）。

第 5 章

农民涉农创业总体特征

在新的经济形势和政策背景下不断涌现的创业机会为农民开展涉农创业创造了良好的外部条件，使我国农民涉农创业迎来了新的局面。本章对全国范围随机抽样调查获得的 745 个涉农创业农户数据进行描述性统计分析，展示了当前农民涉农创业的行业、组织形式、创业时间和地点、创业动机、创业资源获取以及创业绩效等方面的主要特征，以获得对当前我国农民涉农创业总体情况的认知。

5.1 农民涉农创业基本特征

5.1.1 农民涉农创业的行业特征

当前我国农民涉农创业以规模种养殖业为主，其次是农产品销售、农产品加工、农资经销和休闲农业，再次是农业服务业、传统手工艺和乡村旅游业。将创业行业按照与狭义农业（种养殖业）关系的密切程度划分为三类：第一类为规模种养殖业（直接从事种养殖业）；第二类为种养殖业的产前、产中、产后环节（包括农产品加工业、农业生产资料经销、农产品销售、农业服务业）；第三类为不直接服务于种养殖业的行业（包括休闲农业、乡村旅游①、传统手工业）。调查显示，农民创业以直接从事种养殖行业的最多，占样本总数的 1/2 以上；其次是围绕种养殖业产前、产中、产后环节的行业，占样本总数的约 1/3；最后是不直接服务于种养殖业的行业，占样本总数的约 1/10（见表 5-1）。

表 5-1　　　　　　　　　农民涉农创业行业与组织形式分布

特征	分类指标	频数	比例（%）	特征	分类指标	频数	比例（%）
创业行业	规模种养殖	409	54.90	创业组织形式	专业大户	260	34.90
	农产品加工	61	8.19		家庭农场	140	18.79
	农资经销	60	8.05		合作社	67	8.99
	农产品销售	79	10.60		个体户	118	15.84
	休闲农业	75	10.07		独资企业	96	12.89
	乡村旅游	14	1.88		合伙企业	56	7.52
	农业服务业	40	5.37		股份合作企业	8	1.07
	传统手工艺	7	0.94	合计		745	100

5.1.2　农民涉农创业的组织形式

从创业组织形式来看，专业大户、家庭农场和个体户最多，分别占样本总体的 34.90%、18.79% 和 15.84%。合作社、独资企业、合伙企业和股份合作企业分别占样本总体的 8.99%、12.89%、7.52% 和 1.07%（见表 5-1）。创业组织形式的分布情况受创业行业的影响，样本总体中创业行业为种养殖业的样本最多，而种养殖业中通常采取专业大户、家庭农场

---

①　乡村旅游与休闲农业在范围上有着一定的重合，但二者又有明显的差异性。休闲农业强调的是农业与旅游业产业活动的同步性，乡村旅游强调的是旅游产业活动与乡村人文属性与自然环境之间的关联性。休闲农业本质上是一种新型的农业经营形态；乡村旅游本质则是一种新型的旅游活动形态。二者在目标市场、消费者心理及行为等方面均存在差异。

等组织形式。相应地,这些组织形式也占样本总体的较大比例。专业大户与家庭农场相比、个体户与企业相比,规范化程度均较低。专业大户和个体户在样本中的比例大于家庭农场和企业反映出当前农民涉农创业组织的规范化程度还较低。

5.1.3　创业的时间和地点

图 5-1 是农民涉农创业样本在各年度的分布。2008 年全球金融危机以来,我国农民涉农创业呈现平稳收缩的态势,而 2014 年"大众创业"的提出并没有在短期内使农民涉农创业数量明显提高。总体来看,近年来国际金融危机冲击、国内产业结构调整等因素使国民经济增速放缓,也明显抑制了农民涉农创业活动,亟须通过相关政策措施促进农民涉农创业的开展和农村经济的繁荣。

图 5-1　历年农民涉农创业数量

图 5-2 是农民涉农创业样本的地点分布。70% 以上的农民涉农创业者选择在本村创业,表明当前我国农民涉农创业主要依托本地的农业资源和乡土环境,是新的时代背景下,我国农村人口与环境互动方式的创新和升级。

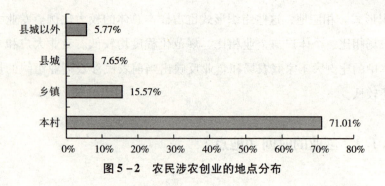

图 5 - 2 农民涉农创业的地点分布

5.1.4 农民涉农创业的动机

创业动机强调人们思想深处想要创业的原因或出发点。全球创业观察项目按照创业动机将创业分为生存型创业和机会型创业。生存型创业指创业行为出于别无其他更好的选择，即不得不参与创业活动来解决其所面临的困难；机会型创业指创业行为的动机出于个人抓住现有机会并实现价值的强烈愿望。从图5 - 3可以看出，在745个农民涉农创业者样本中，仅有约20%的样本创业动机是解决温饱问题，创业只是满足基本生存需求的方式，属于生存型创业；其余约80%的样本创业是出于提高生活水平、提高社会地位、实现人生理想等动机，通过对创业机会的利用实现自己在经济状况、社会关系、个体价值等方面更大的成就，属于机会型创业。总之，当前农民涉农创业以机会型创业为主。

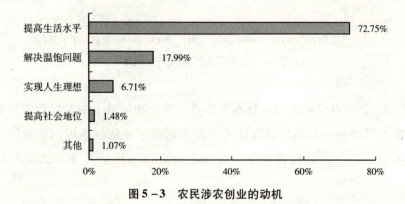

图 5 - 3 农民涉农创业的动机

注：其他动机包括个人兴趣爱好、方便照顾家庭等。

5.2 农民涉农创业资源

5.2.1 农民涉农创业的初始投资与资金来源

1. 创业初始投资额

农民涉农创业者样本总体的初始投资额均值为 33.67 万元，初始投资额为 5 万元以下的 315 家，占比 40% 以上；初始投资额为 10 万元以下的 468 家，占比 60% 以上。可见，当前农民涉农创业以投资额较低的小规模创业为主。分区域来看，东部地区创业初始投资额显著高于中、西部地区（见表 5 – 2），反映了东部地区农民涉农创业在资金投入上较中、西部地区有明显优势。表 5 – 2 还表示了分行业的农民涉农创业初始投资额。可以看出，农产品加工业的初始投资水平最高，其后依次是规模种养殖业、传统手工艺、休闲农业、农产品贩销、农业服务业、乡村旅游以及农资经销。总体来看，农产品加工业的初始投资额远高于其他行业，表明农产品加工业的投资门槛最高，对资金需求量较大；农资经销投资门槛最低，对资金需求量较小；其他行业的平均初始投资额基本处于 20 万 ~ 40 万元。

表 5 – 2　　　　　　　　**农民涉农创业初始投资额统计**　　　　　　单位：万元

类别		均值	标准差	最小值	最大值
地区	整体	33.67	112.58	0.1	1800
	东部	51.02	166.21	0.1	1800
	中部	27.17	89.29	0.1	1370
	西部	24.34	44.05	0.3	300

类别		均值	标准差	最小值	最大值
行业	农产品加工业	58.47	110.65	0.25	500
	规模种养殖业	37.80	124.12	0.1	1800
	传统手工艺	36.43	72.75	2	200
	休闲农业	26.83	65.44	0.1	500
	农产品贩销	26.48	153.56	0.2	1370
	农业服务业	21.89	50.79	0.5	300
	乡村旅游	18.25	31.22	0.5	100
	农资经销	9.48	14.97	0.1	100

注：东、中、西部的划分根据传统的划分方式（由全国人大六届四次会议通过的"七五"计划正式公布），统计数据不包括港澳台地区。东部地区包括北京、天津、河北、辽宁、上海、江苏、浙江、福建、山东、广东和海南11个省份；中部地区包括山西、吉林、黑龙江、安徽、江西、河南、湖北、湖南8个省份；西部地区包括四川、重庆、贵州、云南、西藏、陕西、甘肃、青海、宁夏、新疆、广西、内蒙古12个省份。

2. 创业初始资金的来源

农民涉农创业者样本总体中，创业初始资金来源以家庭自有资金为主，整体来看，家庭自有资金占创业初始投资额的比例超过50%；其次是正规金融机构融资和向亲戚朋友借，这两类资金来源获得的资金占比均超过10%；再次是农村非正规金融机构①以及政府补助、合资、产业链融资等方式（见表5-3）。分区域来看，东、中、西部地区农民涉农创业样本中，家庭自有资金占创业初始投资额的比例均超过50%，是创业资金的主要来源；来自正规金融机构的资金比例均为15%左右，没有明显差异。但在向亲戚朋友借贷和非正规金融机构两个资金来源途径中，东、中、西部存在明显差异。向亲戚朋友借贷资金占初始投资比例从大到小依次为西部地区、中部地区、东部地区；从非正规金融机构获得的资金占初始投资比例从大到小

---

① 非正规金融机构指在政府批准并进行监管的金融机构（正规金融机构）之外存在的游离于现行制度法规边缘的金融组织，包括各种形式的"会"、地下钱庄、典当行等。

依次为东部地区、中部地区、西部地区。总体来看，在正规金融供给水平无明显差异的情况下，中、西部地区农民涉农创业者对亲友借贷的依赖性较高；而东部地区农民涉农创业者对非正规金融机构的依赖性较高。反映了东部地区非正规金融市场较发达，有效地弥补了正规金融供给的不足；而中、西部地区亲戚朋友等强联系型社会资本在农民创业资金获取中发挥重要作用。

表 5 - 3 分区域初始投资资金来源统计

分类指标	整体		东部		中部		西部	
	均值（万元）	比例（%）	均值（万元）	比例（%）	均值（万元）	比例（%）	均值（万元）	比例（%）
家庭自有资金	21.07	62.58	30.67	60.11	18.48	67.94	13.47	55.35
正规金融融资	4.77	14.18	7.64	14.98	3.52	12.96	3.69	15.16
向亲戚朋友借	4.32	12.85	5.18	10.15	3.83	14.09	4.28	17.59
非正规金融机构	1.98	5.88	5.22	10.23	0.79	2.90	0.19	0.80
政府补助	0.35	1.05	0.39	0.77	0.19	0.70	0.70	2.86
其他	1.21	3.60	2.04	3.99	0.42	1.56	2.03	8.36

注：其他资金来源中有 13 家来自合伙人投资、3 家来自产业链融资。

5.2.2 土地资源及经营场所

农民涉农创业者经营土地面积均值为 27.48 亩，租入面积占使用土地面积的比例均值为 15.12%（见表 5 - 4）。整体来看，当前农民涉农创业者经营土地面积偏小，仍以自有土地为主，反映了农村土地市场仍不够活跃。土地是农业中最基本的要素，土地不能自由流动，劳动力、资本、技术等生产要素就很难实现高效配置。因此，政府应进一步推进农村土地制度改革创新，提高农村土地资源配置效率。

表5-4 创业初期经营土地面积及租入面积占比

分类指标	均值	标准差	最小值	最大值
经营土地面积（亩）	27.48	89.19	0	1103.1
租入面积占比（%）	15.12	28.54	0	99.72

注：土地包含耕地、林地、水面、草场等。

农民涉农创业的办公场所或厂房以自家住房为主，约占样本总体的一半（见表5-5）。这反映了农民涉农创业者在初创期往往通过整合手头资源应对创业中的资源约束，这种资源拼凑策略既提高了闲置资源利用效率，又能够解决创业中的资源约束问题，是初创期创业者应对创业资源缺乏的有效方式。

表5-5 创业初期的办公场所或厂房来源

来源分类	自家住房	租用	购买	借用	合伙建设	无
频数	367	234	36	20	6	82
比例（%）	49.26	31.41	4.83	2.68	0.81	11.01

5.3　农民涉农创业的经济绩效及其他影响

绩效（performance），也称"效绩"，最初指企业一定时期的经营效益与经营者的业绩。目前，经济管理领域中广泛采用绩效这一概念表示工作业绩、效益，它包括完成工作的数量、质量、经济效益和社会效益。农民涉农创业绩效是指农民通过涉农创业实现的业绩和效益。与已有企业发展绩效不同，创业绩效强调的是创业活动本身的业绩和效益。本节首先从农民涉农创业者首次实现盈利的时间、创业第一年盈利额以及创业对家庭收入的影响三个方面初步反映当前农民涉农创业的经济绩效，然后从创业者在创业前后实现业绩的比较以及与同类创业者经济效益的比较两个方面衡量农民涉农创业的经济绩效并比较各行业创业绩效的差异，最后归纳农民涉农创业对创业者心理、形象、社会关系等方面的影响。

5.3.1 农民涉农创业经济绩效的初步反映

1. 创业的首次盈利时间

表 5-6 反映的农民涉农创业的平均首次盈利时间中可以看出，农民涉农创业平均首次盈利时间为 10 个月左右。农业服务业、农产品销售、农业生产资料经销、传统手工艺等行业能较快实现盈利，而乡村旅游业、休闲农业、规模种养殖业、农产品加工业等行业实现首次盈利较慢。

表 5-6　　　农民涉农创业首次盈利时间和第一年盈利额均值

分类指标	样本总体	规模种养殖业	农产品加工业	农业生产资料经销	农产品销售	休闲农业	乡村旅游	农业服务业	传统手工艺
平均首次盈利时间（月）	10.36	11.91	9.92	7.73	7.46	9.03	13.07	6.85	7.71
第一年平均盈利额（万元）	4.96	5.4	6.34	2.55	3.1	4.67	3.56	6.54	5.73

2. 创业第一年盈利额

表 5-6 中反映了农民涉农创业的第一年平均盈利额。样本总体平均第一年净利润约 5 万元。第一年平均盈利额超过 5 万元的行业包括农业服务业、农产品加工业、传统手工艺和规模种养殖业；第一年盈利额在 5 万元以下的行业包括农业生产资料经销、农产品销售、乡村旅游和休闲农业。总体来看，农业服务业和传统手工艺能够在较短的时间实现较大的盈利；休闲农业和乡村旅游业盈利周期相对较长且初期盈利额较低。

3. 创业对家庭收入的影响

图5－4反映了农民涉农创业对家庭收入的影响，约85%的农民涉农创业者表示创业增加了其家庭收入。可见，农民涉农创业是促进农民增收的有效途径。

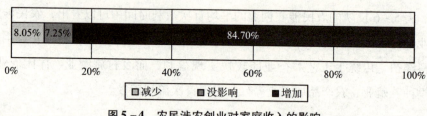

图5－4　农民涉农创业对家庭收入的影响

5.3.2　农民涉农创业经济绩效的衡量

已有研究对创业绩效的衡量指标尚未达成共识。但总体来看，衡量创业绩效的指标按照不同标准可以分为财务指标和非财务指标，绝对指标和相对指标，主观指标和客观指标（王建中和杨保健，2011）。当前大多数农民创业规模较小，财务制度不完善，很难获得所需财务数据，财务指标不适合用来衡量农民创业绩效。农民创业者异质性较强，农民涉农创业行业各异，组织形式有别，如市场占有率、雇员数量、土地面积客观指标等同样不适合作为衡量农民涉农创业绩效的指标。本书中，我们采取主观评价法，利用两个非财务相对指标反映农民创业绩效。设置两个题项反映创业者在纵向和横向两个维度对其创业绩效的主观感知，分别为"创业对您生活水平的影响程度"和"与周围创业者相比，创业成功程度"。在第一个题项中设五个答案：1表示降低、2表示没有影响、3表示提高较小、4表示有相当程度提高、5表示提高很大；在第二个题项中也设5个答案：1表示非常差、2表示较差、3表示差不多、4表示较好、5表示非常好。

对绩效量表进行信度检验显示，量表的Cronbach's α系数为0.76，表明该量表中各指标内部一致性较高，量表整体可信。为了整合两个绩效指标以综合反映农民涉农创业绩效，对创业绩效指标进行探索性因子分析（见表 5 -7）。Bartlett 球形度检验统计量在 0.01 的显著性水平下显著，因子分析结果较理想。按相关矩阵特征值大于 1 的标准得到 1 个公共因子，其累计方差贡献率为 80.699%。本章使用该公共因子得分反映农民涉农创业绩效。观察算得的公共因子可以发现，创业绩效是一个 9 级定序变量，最小值取值为 1.114，最大取值为 5.570，公差为 0.557，数字越大代表创业绩效越好。对样本创业求均值结果为 3.73，大于定序变量的中值 3.342。总体来看，当前农民涉农创业绩效较高。

表 5 -7 创业绩效指标的探索性因子分析结果

测量题项	最小值	最大值	均值	标准差	因子得分系数
创业对您生活水平的影响程度	1	5	3.41	0.68	0.557
与周围创业者相比，创业成功程度	1	5	3.29	0.77	0.557
累计方差贡献率（%）	80.571				
KMO 检验值	0.500				
Bartlett 球形度检验的卡方统计值及显著性	351.318 ***				

注：***、**、* 分别表示统计量在 1%、5%、10% 的显著性水平上显著。

分别计算各行业创业绩效的均值，可以得出：传统手工艺行业的创业者绩效水平最高，其次是农产品加工、休闲农业和农产品贩销，这些行业的平均创业绩效均高于样本总体的平均创业绩效，而农业生产资料经销、规模种养殖业、农业服务业和乡村旅游业等行业的平均创业绩效均低于样本总体的平均创业绩效（见表 5 -8）。传统手工艺从事者较少，仅占样本总数的不足 1%，但创业绩效却是考察行业中最高的，可见传统手工艺行业处于产业生命周期的形成期，市场潜力较大，是农民创业的较好选择。农产品加工业和农产品贩销均属于农业的产后环节，这两类行业创业绩效较高反映了农产品的加工、流通环节附加值较高。农业生产资料经销、规模种养殖业和农业服务业等农业产前、产中环节，农民往往拥有较为丰富的技术知识，但创业绩效却较低。原因可能在于这些产业相对成熟，风险较小，在创业机会的刺激下容易吸引大量的创业者涌入，形成过度竞争进而降低行业盈利水平。休闲农业和乡村旅游均属于农村中的生活型服务业，但休闲农业的平均创业绩效明显高于乡村旅游业。主要原因可能是二者的顾客群体不同：休闲农业主要满足城乡居民休闲消费需要，主要顾客群体是周边居民；而乡村旅游强调基于区域差异，培育旅游吸引物，主要面向外地旅游者。休闲农业可以通过服务较小的市场半径实现较高的盈利水平。而乡村旅游业由于地理位置的限制和农民创业者营销能力的缺乏，在吸引外地游客方面仍面临很大约束。我们在2016年8月对左权县经济的调研中发现，左权县很多合作社最初建立时以乡村旅游为经营方向，但由于游客流量较小限制了其发展，最终不得不转向特色种养殖业和农产品加工业等行业。

表5-8 各行业创业绩效比较

行业	传统手工艺	农产品加工	休闲农业	农产品贩销	农业生产资料经销	规模种养殖业	农业服务业	乡村旅游
创业绩效	4.38	3.94	3.83	3.79	3.69	3.68	3.58	3.58

5.3.3 农民涉农创业对创业者的其他影响

1. 创业对个体心理和形象的影响

图5-5反映了农民涉农创业对创业者个人心理和形象的影响。多数农民创业者认为创业活动使自己感觉更自信，更有面子，改善了其个人心理和形象。但认为创业活动恶化个人心理的创业者比例明显大于认为创业活动恶化个人形象的创业者，有相当部分的农民创业者认为创业活动让自己心理压力明显增大，感觉有点吃不消。这表明涉农创业是一项艰苦的、有风险的工作，

会给创业者带来负面心理，管理好自己的心理和情绪是农民涉农创业者的一项重要素质。

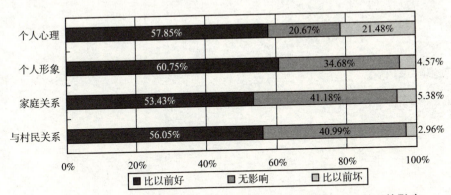

图 5－5　农民涉农创业对创业者心理、形象、家庭关系及与村民关系的影响

2. 创业对个体人际关系的影响

图 5－5 还反映了农民涉农创业对创业者人际关系的影响。一半以上的农民涉农创业者认为创业活动使其在家庭和社会中的地位提高了，改善了其家庭关系和与其他村民的关系。这可能是由于创业活动提升了创业者的收入和成就感，使其在家庭和村庄中赢得了更高的权威和声望，更有影响力和优越感。只有极少数农民创业者认为创业活动恶化了其家庭关系和与其他村民的关系。这可能是由于创业不顺利的创业者会将创业活动中的压力和挫败感带入与家庭成员和其他村民的交往中，从而恶化其社交体验。

第 3 篇

农民涉农创业者

第 6 章

我国农民涉农创业者

——人力资本与社会资本

与过去以村集体为单位的乡镇企业创业不同，此次创业浪潮是农民对"大众创业，万众创新"政策环境的响应，创业主体表现出多样化的特征。本章首先描述了农民涉农创业者的人口统计学特征、创业相关特质和家庭特征；然后重点分析了农民涉农创业者的人力资本和社会资本两方面的特征，以反映当前我国农民涉农创业者的整体情况。

6.1　农民涉农创业者的基本特征

6.1.1　农民涉农创业者的人口统计学特征

1. 性别与婚姻分布特征

图 6-1 反映了农民涉农创业者的性别和年龄。当前农民涉农创业者以男性为主，但女性创业者也占相当比例，约占样本总体的20%。农民涉农创业者中，已婚者居多，占样本总数的90%以上。

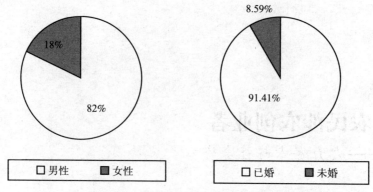

图 6 – 1　农民涉农创业者的性别与婚姻

2. 年龄分布特征

　　图 6 – 2 反映了农民涉农创业者的年龄分布。在各年龄段的农民涉农创业者中，年龄在 41～50 岁之间的最多，占样本总数的 38.39%。处于这一年龄阶段的人在创业方面具有显著优势：40 岁前的人经验、历练往往不足，财富积累较为薄弱，50 岁后的人虽然在人生阅历和财富积累方面优势较大，但身体状况较差，在 41～50 岁之间的人兼具智慧、财富和体力，因而这一阶段是创业的黄金时期。其次是 31～40 岁和 51～60 岁，这两类样本分别占样本总体的 26.98% 和 19.19%。

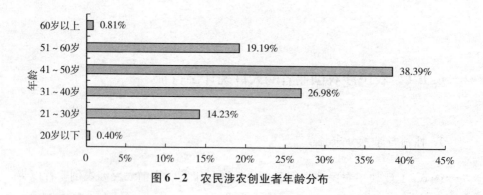

图 6 – 2　农民涉农创业者年龄分布

6.1.2 农民涉农创业者的创业相关特质

1. 风险偏好

在高速变化的市场经济条件下，承担风险是创业者的重要职能，对模糊和不确定性具有一定的容忍度是创业者的必备素质。将创业者按风险偏好分为三组：喜欢冒险、一般和偏向保守，分别赋值 1、2 和 3。三类创业者分别占样本总数的 30.34%、47.92% 和 21.74%（见图 6 - 3），可以得出风险中性的创业者占样本总数的大多数，但风险偏好类创业者明显多于风险厌恶型创业者。分别对创业者样本和未创业者样本的风险偏好求均值，可以得出创业者风险偏好均值（1.91）小于未创业者风险态度均值（2.25），表明创业者的风险偏好程度总体上高于未创业者。

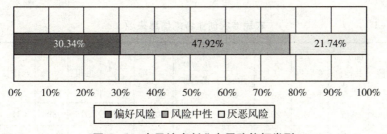

图 6 - 3　农民涉农创业者风险偏好类型

2. 创业者对信息的敏感程度

为了能及时把握商机，创业者必须对环境中的信息保持警觉。将农民涉农创业者按对信息的敏感程度分为三组，分别为非常关注、比较关注和不关注。三类创业者分别占样本总体的 30.07%，56.51% 和 13.42%（见图 6 - 4），即大多数农民涉农创业者对信息相对敏感。但也有部分农民涉农创业者不关注信息。

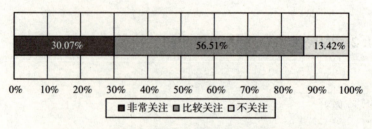

图6-4 农民涉农创业者对创业相关信息的关注程度

表6-1反映了创业者的信息来源渠道。可以看出,农民涉农创业者最主要的信息来源是朋友或其他创业者,约60%的创业者通过朋友或村庄内其他创业者获取信息。其次是互联网、家人、广播电视、生意往来企业、村干部。利用政府部门、书报、手机、合作社、金融机构等渠道获取信息的创业者较少。可见,农民涉农创业者信息来源呈现多元化特点,而社会网络(朋友、家人、生意往来企业、村干部)是其获取信息的主要渠道,互联网、广播电视等媒体也是其获取信息的重要渠道。

表6-1 农民涉农创业者的信息来源

信息来源	朋友或其他创业者	互联网	家人	广播电视	生意往来企业	村干部	政府部门	书报	手机	合作社	金融机构
频数	445	231	208	197	150	149	93	91	89	41	12
比例(%)	59.73	31.01	27.92	26.44	20.13	20	12.48	12.21	11.95	5.5	1.61

注:由于每个样本都可能从一种以上的信息渠道获得信息,因此利用各类信息渠道的样本占样本总数的比例之和超过1。

6.1.3 农民涉农创业者家庭特征

表6-2比较了农民涉农创业者与未创业农民在家庭人口、劳动力数、承包耕地面积、家庭收入等方面的差异。总体来看,创业者家庭的人口数和劳动力数要大于未创业家庭,反映了人口和劳动力有助于创业活动的开展,劳

动力是影响创业的重要因素。创业者家庭承包的耕地面积大于未创业者家庭，表明土地承包经营权作为农户的基本资源禀赋，对农民创业有促进作用。特别是当前农民创业以规模种养殖业为主，土地在农民创业中发挥着重要作用。创业者家庭的收入大于未创业家庭的收入。收入高的家庭可能拥有更高的财富积累水平，更有能力为创业活动提供充裕的初始资金。但我们比较的是2015 年的家庭收入，部分创业者在此之前已经创业，因而也有可能是创业活动带来了创业者家庭收入的提高。总之，创业者家庭在劳动力、土地、资金等方面均优于未创业农民家庭，正是基于这种家庭资源优势，创业者家庭能够在更高的水平上配置资源，实现创业。

表 6 – 2　　　　　农民涉农创业者与未创业农民家庭特征比较

类别	家庭特征	均值	标准差	最小值	最大值
创业者	人口数（人）	4.46	1.45	1	13
	劳动力数（人）	2.81	1.10	1	8
	承包耕地面积（亩）	13.20	51.89	0	1000
	2015 年家庭收入（万元）	6.45	19.68	0.1	500
未创业者	人口数（人）	4.26	1.35	1	13
	劳动力数（人）	2.63	1.05	1	7
	承包耕地面积（亩）	10.65	17.87	0	236
	2015 年家庭收入（万元）	6.29	5.73	0.1	50

6.2　农民涉农创业者人力资本

6.2.1　农民涉农创业者接受正规教育和创业培训情况

1. 农民涉农创业者受正规教育程度

将农民涉农创业者按受正规教育程度分为四组：小学及以下、初中、高中或中专、大专及以上，分别赋值1、2、3、4。可以得出受教育程度为初中的创业者最多，占样本总体的将近一半，反映了当前农民涉农创业者受教育程度偏低（见图6-5）。但创业者受教育程度分布与其年龄分布相关。占样本多数的年龄为四五十岁的农民（出生于1966~1975年）由于受当时整体教育水平所限，受正规教育程度普遍较低。随着我国教育事业的发展，特别是高等教育的普及，未来农民创业者的受教育程度也会逐步提高。比较农民涉农创业者和未创业农民的受教育程度得出，创业者受教育程度的均值（2.37）略大于未创业农民（2.30），受教育程度较高的农民更可能开展涉农创业。

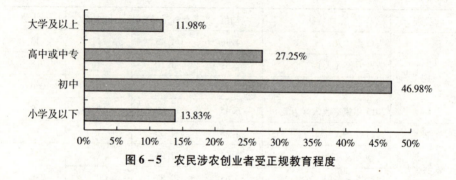

图6-5 农民涉农创业者受正规教育程度

2. 农民涉农创业者参加创业培训情况

参加创业培训可以弥补农民创业者受正规教育的不足，系统地掌握创业相关的基本知识和技能，有针对性地获取创业中突出问题的解决方案，是创业者提升其创业相关人力资本的重要途径。总体来看，当前我国农民涉农创业者培训参与率较低，参加过创业培训的创业者仅占样本总体的24.35%。农民涉农创业者参与培训的时间偏短，参加过创业培训的185个样本中，约80%培训时间不足1个月（见图6-6）。

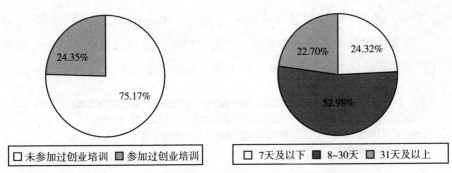

图 6-6　农民涉农创业者培训参与率与培训时间分布

表 6-3 反映了当前农民涉农创业者参加创业培训的内容。将创业培训按培训内容划分为生产技术类培训、市场营销类培训、经营管理类培训和财务类培训。当前农民涉农创业中，生产技术类培训受到的重视相对较多，185 个参加过创业培训的样本中，参加生产技术类培训的样本将近 70%。其次是经营管理类培训和市场营销类培训，参加这两类培训的样本均不足参加培训样本的一半。参加财务类培训的样本最少，约占参加培训样本的 10%。总体来看，当前农民创业培训中偏重生产技术类培训，而对经营管理、市场营销、财务类等经济管理培训重视不足。

表 6-3　　　　　　　　　农民涉农创业者参加培训内容

培训内容	生产技术类	市场营销类	经营管理类	财务类
频数	127	72	81	24
比例（%）	68.65	38.92	43.78	12.97

注：由于有的样本不只参加一种内容的培训，所以参加各类培训的样本占比之和超过 1。

6.2.2　农民涉农创业者的工作经历

1. 创业前职业身份

图 6-7 反映了农民涉农创业前的职业身份。约 80% 的农民涉农创业者在创业前以务农或外出打工为主。其中，以在家务农为主的样本约占样本总

体的30%，以在本地打工和外地打工为主的样本占样本总体的比例均超过20%。约10%的样本在本次涉农创业之前就已经在从事其他创业活动。也有少量样本创业前是学生、待业者、村干部、乡村教师等人员。

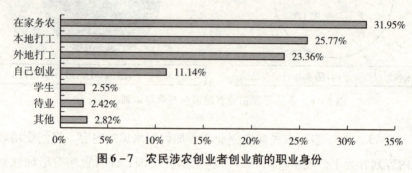

图6-7 农民涉农创业者创业前的职业身份

注：本地打工指在本县范围内打工，外地打工指在本县外打工；其他身份包括村干部、乡村教师等。

2. 创业前外出务工情况

在农民涉农创业样本总体中，约一半（386个）的样本有外出务工经历。图6-8反映了创业者通过外出务工获得的对创业活动的帮助。可以看出，农民外出务工对其创业活动最大的帮助是资金支持。386个有外出务工经历的样本中，超过一半的样本外出务工为创业活动积累了资金。其次是市场经济意识和管理经验，获得这两项帮助的样本分别占比约40%和30%。再次是信息获取渠道、交往的社会关系和学到的技术知识，获得这三项帮助的样本占比均超过20%。

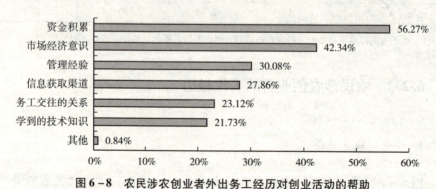

图6-8 农民涉农创业者外出务工经历对创业活动的帮助

注：由于农民创业者从外出务工中可能收获不止一项对创业活动的帮助，因此各类占比之和大于1。

6.3 农民涉农创业者的社会资本

6.3.1 农民涉农创业者的社会资本

选择"正在创业的兄弟姐妹人数""正在创业的亲戚人数""正在创业的朋友人数""任村干部的亲戚朋友人数""在政府机关或事业单位工作的亲戚朋友人数""在企业担任管理或技术类职务的亲戚朋友人数""在银行、信用社等金融机构工作的亲戚朋友人数"7 个指标反映在创业初期可能为农民创业者提供各种资源，促进创业过程的社会资本。对这 7 个指标进行探索性因子分析（见表 6-4）。Bartlett 球形度检验统计量在 0.01 的显著性水平下显著，因子分析结果较理想。按照相关矩阵特征值大于 1 的原则提取两个公共因子。公共因子 1 主要受后 4 个指标影响，我们将其归纳为异质性社会资本。公共因子 2 主要受前 3 个指标影响，我们将其归纳为同质性社会资本。[①] 两个公共因子的累计方差贡献率 76.303%。分别计算样本的两个公共因子得分并进行平均，可以得出农民涉农创业者样本的同质性社会资本因子得分均值（2.020）和异质性社会资本因子得分均值（1.670）均大于未创业农民样本的同质性社会资本因子得分均值（1.432）和异质性社会资本因子得分均值（1.618）。此外，比较创业者与未创业者 2015 年的人情往来支出可以发现，创业者的人情往来支出（15077 元）远大于未创业者的人情往来支出（6178元），这也从一个侧面反映了创业者的社会资本状况总体上要优于未创业者。综上分析可以得出，社会资本可能是促进农民开展涉农创业的因素。

[①] 异质性社会资本指与农民创业者处于同一社会阶层，同质性较强、交往频繁、信任程度较高的社会关系。同质性社会资本指与农民创业者处于不同社会阶层，异质性较强、交往较少、信任程度较低，但可能为农民涉农创业提供各种创业资源的社会关系。详见第 4 篇第 8 章。

表6-4 社会资本指标的探索性因子分析结果

测量题项	最小值	最大值	均值	标准差	因子1得分系数	因子2得分系数
正在创业的兄弟姐妹数	0	5	1.230	0.59	-0.130	0.418
正在创业的亲戚数	0	10	2.371	1.14	-0.093	0.401
正在创业的朋友数	0	12	2.977	1.61	-0.086	0.381
任村干部的亲戚朋友数	0	10	2.251	1.57	0.324	-0.095
在政府机关或事业单位工作的亲戚朋友数	0	10	2.598	1.90	0.366	-0.124
在企业担任管理或技术类职务的亲戚朋友数	0	10	2.277	1.67	0.294	-0.039
在金融机构工作的亲戚朋友数	0	6	1.362	0.82	0.330	-0.074
累计方差贡献率（%）	76.303					
KMO检验值	0.839					
Bartlett球形度检验卡方统计值及其显著性	604.728 ***					

注：***、**、*分别表示统计量在1%、5%、10%的显著性水平上显著。

6.3.2 农民涉农创业者的政治身份

政治身份是人们社会地位的象征。有政治身份的人在社会关系中往往拥有较高的权威和声望，对关系网络中的其他人有更大的影响力，从而更能够从社会网络中获取所需资源。因此，可以把政治身份作为一种特殊的社会资本加以分析。选择"是否党员""是否村民代表""担任哪一级地方干部""担任哪一级人大代表或政协委员"4个指标衡量农民的政治身份。为了整合4个政治身份指标以综合反映农民的政治身份，对政治身份指标进行探索性因子分析（见表6-5）。Bartlett球形度检验统计量在0.01的显著性水平下显著，因子分析结果较理想。按照相关矩阵特征值大于1的原则提取一个公共因子，本章用该公共因子得分综合反映农民的政治身份。分别计算样本的政治身份公共因子得分并求均值，可以得出农民涉农创业者样本的政治身份因子得分均值（0.183）大于未创业农民样本的政治身份因子得分均值（0.106）。可见在当前背景下，政治身份可能是促进农民开展涉农创业的因素。

表 6 – 5 **政治身份指标的探索性因子分析结果**

测量题项	最小值	最大值	均值	标准差	因子 1 得分系数
是否党员	0	1	0.17	0.373	0.354
是否村民代表	0	1	0.17	0.373	0.338
担任哪一级地方干部	0	3	0.06	0.250	0.400
担任哪一级人大代表或政协委员	0	3	0.02	0.181	0.338
累计方差贡献率（%）	48.654				
KMO 检验值	0.671				
Bartlett 球形度检验卡方统计值及显著性	789.411 ***				

注：*** 、** 、* 分别表示统计量在 1%、5%、10% 的显著性水平上显著。

第 7 章

培训对农民涉农创业绩效的影响
——考虑创业者人力资本禀赋调节效应的实证研究[*]

　　农民是我国人数最多而发展能力较差的群体，通过创业培训使其积累创业相关人力资本，从而提高创业绩效是实现"大众创业"的重要保证，也是乡村振兴背景下培育乡村发展内生动力的重要途径。在培训资源有限的情况下，应该重点发展哪种类型的创业培训是当前迫切需要回答的问题。本章基于企业家才能理论将农民创业培训按内容细分为四种类型，并利用745 个农民涉农创业样本实证分析了各种类型的创业培训对农民涉农创业绩效的相对重要性，以及农民受教育程度和先前创业经历对创业培训与创业绩效间关系的调节效应。结果显示：生产技术类培训和市场营销类培训对农民涉农创业绩效有显著正向影响；农民正规教育程度对其创业培训效果影响不显著；先前创业经历有助于提高创业培训对涉农创业绩效的影响效果。这意味着，首先，当前政府应重点支持生产技术类培训和市场营销类培训；其次，不同受教育程度的农民涉农创业者都能够通过参加创业培训提升其涉农创业绩效，农民应积极开展创业实践，形成"实践—学习—再实践"的良性循环。

---

　　[*] 本章在笔者发表于《农业经济与管理》2019 年第 1 期的文章《培训对农民涉农创业绩效的影响——考虑创业者人力资本禀赋调节效应的实证研究》的基础上改编。

7.1　问题的提出

"大众创业、万众创新"是我国经济新常态下培育经济增长新动力的重要国家战略。所谓"大众创业",是与精英创业相对而言的,是指普通劳动者在有利的政策环境和市场条件下弥补自身创业素质的不足和创业资源的短板,发现创业机会、整合创业资源以创造经济社会价值的过程。早期创业理论认为:创业者是一群天生的"精英群体",他们具备杰出的特质,能够承担非凡的职能。这种理论没有得到实践的支持,大量事实表明创业者所应具备的素质可以在后天被塑造,某些态度和行为是可以通过学习和经验获得的(Timmons,1989)。即创业者的素质和能力本质上是一种人力资本,是可以经过学习和实践培养的。"大众创业"实现的关键是要创造一定的条件使普通劳动者获得创业要求的人力资本。农民是"大众创业"中人数最多的群体,习近平总书记在中共十九大报告中把支持和鼓励农民就业创业作为实施乡村振兴战略的重要环节。但在城乡二元体制下,农民的就业和教育长期落后于城市居民,造成农民的人力资本薄弱,迫切需要通过创业培训提高创业素质。当前,农民创业培训问题已经引起相关政府部门的重视。2016 年 6 月,人社部、农业部等五部门联合发布了《关于实施农民工等人员返乡创业培训五年行动计划(2016～2020 年)的通知》,要求将返乡农民工等人员中有意愿开展创业活动和处于创业初期的人员全部纳入创业培训服务范围,针对其不同创业阶段的特点等,开展内容丰富、方式灵活、实用有效的创业培训,实施培训、孵化、服务"一条龙"帮扶,力争到 2020 年使有创业要求和培训愿望、具备一定创业条件或已创业的农民工等人员都能参加一次创业培训,有效提升创业能力。

当前我国农民创业培训实践还处在探索期,没有形成系统的农民创业培训体系,农民创业相关研究也较为薄弱。魏江和徐蕾等(2009)分析了少数民族地区农民创业培训的对象、内容、组织和经费,认为当前主要问题是缺乏创业意识培训。鲍海君（2012）基于田野调查，结合国际经验提出失地农民创业培训内容体系，主要包括补偿性培训、创业引导培训、创业技能培训、创业计划培训。郑军（2013）以山东省农民数据实证分析了农民参加创业培训意愿的影响因素，得出年龄、对培训项目的认可度、对创业前景的担忧以及对参与创业培训的收益预期等因素对农民参加创业培训的意愿有显著影响。方鸣和詹寒飞（2016）关注返乡农民工对创业培训政策满意度的影响因素，利用中、西部地区 353 个返乡农民工样本分析得出返乡农民工的个体特征、家庭特征、技能和创业培训经历等是影响农民工对创业培训政策满意度的重要因素。总体来看，已有研究对创业培训对当前农民创业培训的重点关注不足，而这一问题深刻影响着我国农民创业培训体系的构建。

在政府鼓励农民工返乡创业的政策环境下，农民更可能结合已有的农业资源，进入门槛相对较低的涉农行业（农业产业链的各环节）开展创业。因此，本章以农民涉农创业为研究对象，试图回答以下问题：第一，当前哪类创业培训对农民涉农创业绩效影响较大，应该重点推进？第二，正规教育程度是不是制约我国农民创业培训效果的因素？先前创业经历是否显著影响农民创业培训效果。

7.2　理论分析与研究假说

7.2.1　农民涉农创业绩效

农民涉农创业绩效是指农民通过涉农创业实现的业绩和效益，是集中反映农民创业目标实现程度的指标。与现存企业发展绩效不同，创业绩效强调的是创业活动本身的业绩和效益，在衡量创业绩效时应侧重于创业者在创业前后实现业绩的比较以及同类创业者之间经济效益的比较。

当前农民创业研究中，创业绩效的衡量大致分为主观评价法和客观评价法。朱红根和解春燕（2012）用主要营利性指标及组织管理水平与同行作主观比较衡量农民工返乡创业绩效。郭红东和丁高洁（2013）用创业者对所创事业的主观评价和对创业目标达成度的主观评价测量农民创业绩效。危旭芳（2013）采用雇员数、平均销售额和平均净利润三个财务指标衡量农民创业绩效。张益丰和郑秀芝（2014）用创业当年收入值衡量农民创业绩效。主观评价法和客观评价法各有优劣，客观评价法以财务指标或其他企业发展指标的具体数值反映创业绩效，可以避免主观评价法可能受到受访者情绪状态和配合程度影响的缺点，但前提是相关指标数据能够被采集；主观评价法可以给出创业者对于创业成功程度的整体感受，且不需要一系列客观指标的具体数值，但可能受到受访者情绪状态和配合程度的影响。在农民涉农创业中，财务指标不适合作为创业绩效衡量指标，这是因为大多数农民创业规模较小，财务制度不完善，很难获得所需财务数据。当前我国农民异质性较强，农民涉农创业行业各异，组织形式有别，如市场占有率、雇员数量、土地面积客观指标等同样不适合作为衡量农民涉农创业绩效的指标。因此，我们使用主观评价法衡量农民涉农创业绩效。在具体指标选取上，为避免被访者理解上的混乱，本章采用"创业对生活水平的影响程度"和"与周围创业者相比，创业的成功程度"两个指标，分别从纵向比较和横向比较两方面反映农民涉农创业绩效。

7.2.2 企业家才能与创业者人力资本

约瑟夫·熊彼特 1912 年在其专著《经济发展理论》中提出创新理论以来，创业者与企业家成为一对紧密相关的概念，有着非常相近的含义。熊彼特认为创业是实现创新的过程，而创新是创业的本质和手段。创业者（或企业家）的职能就是通过创新使经济从低水平均衡向高水平均衡不断演变，从而实现经济发展。创业者（或企业家）功能的实现必须依托一定的能力，即企业家才能。熊彼特认为企业家才能主要包括三个方面：预测市场机会、组织生产要素和说服资金提供者。除熊彼特以外，企业家才能的内涵还得到很多经济学家的重视。坎特龙（Cantlon，1775）、萨伊（Say，1803）、马歇尔（Marshall，1890）、奈特（Knight，1921）、柯兹纳（Kirzner，1973）等国外研究者对创业者应具备的素质和能力作出阐释，这些素质和能力可以概括为五个方面：一是持续"警觉"，发现市场机会；二是在不确定环境下作出"做什么和怎样做"的决策；三是说服资金提供者为其提供创业所需资金；四是组织和协调生产、销售过程；五是承担风险。这五个方面的素质和能力构成企业家才能的内涵。

关于企业家才能的形成，虽然仍有研究者强调天赋在企业家才能形成中扮演着至关重要的角色，但认为创业者主要是天生而非后天造就的"天赋观"已被证实是一种偏见。周其仁（1996）认为企业家才能就是企业家人力资本在企业里的运用，创业本质上就是创业者人力资本产权的实现。人力资本是以人的知识、技能、资历、经验、熟练程度等形式存在的资本，它可以通过对教育、健康的投资形成（Schultz，1960）。承认企业家才能本质上是一种人力资本就意味着可以通过培育普通劳动者的创业相关人力资本，使其具备创业所需的企业家才能，实现成功创业。创业者在过去的教育和工作中形成的知识、技能、经验和特质是人力资本中的既定因素（即人力资本禀赋），如何通过创业培训激活创业者既有的人力资本，发展创业相关人力资本，使其具备企业家才能，无疑是推动"大众创业"的重要着力点。

7.2.3 农民涉农创业培训的类型及其对创业绩效的影响

创业培训的作用在于培育创业相关人力资本，使创业者具备创业相关的素质和能力，更好地发挥其作为创业者的职能，从而提高创业绩效。因此，创业者所应具备的素质和能力是创业培训的导向，而能否显著提高创业绩效是判断创业培训是否有效的标准。根据创业者五个方面的素质和能力，结合当前我国的农民创业培训实际，可以将农民创业培训按内容划分为生产技术类培训、市场营销类培训、经营管理类培训和财务管理类培训四类。

（1）生产技术类培训。这类培训对应组织和协调生产过程的能力。对农民来说，选择较为熟悉的涉农行业开展创业看似门槛较低，但要想赢得市场并实现盈利就必须具备提升产品、服务品质、降低成本的相关技术。在种养殖业中，我国整体面临高成本问题，运用先进的农业技术降低生产成本是扩大种养殖业利润空间的必然选择；而在农产品加工业、休闲农业和乡村旅游业中，农民往往缺乏相关经验和技术，更需要通过技术培训弥补其技术短板。特别是当前消费者对无公害、绿色、有机农产品以及方便食品、速冻食品、休闲食品等农产品加工品的需求不断上升。农产品市场的新趋势要求农民创业者加强对农产品质量安全及农产品加工相关技术的掌握。因此，生产技术类培训有助于提高农民涉农创业中的技术水平，提高要素配置效率和产品质量，从而提升其创业绩效。

（2）市场营销类培训。这类培训对应对市场机会保持警觉、发现和利用市场机会以及组织和协调销售过程的能力。根据美国市场营销协会（2013）的定义，市场营销是在创造、沟通、传播和交换产品中，为顾客、客户、合作伙伴以及整个社会带来价值的一系列活动、过程和体系。市场营销的本质是发现市场需求和市场机会，在满足市场需求的同时实现盈利。当前，我国居民对农业的需求发生显著变化，主要体现在食品需求结构的变化以及休闲农业、乡村旅游等农业多功能性需求的提升。需求结构的变化必然要求创业者的营销理念和营销方式做出相应调整。在涉农产业中，农产品品牌建设已经成为农业发展大势所趋，流通环节"互联网＋农业"模式不断涌现。加强市场营销类培训能使农民创业者掌握新的营销理念和营销方式，更好地适应当前急剧变化的市场环境和技术环境，从而提升其创业绩效。

（3）经营管理类培训。这类培训对应制定决策、承担风险的能力。任何企业正常经营都需要管理者作出决策、制订计划、设置组织结构、协调各部门、激励企业成员并控制风险。我国大多数农民既缺乏经营管理知识又缺少经营管理经验，风险承受能力较弱。经营管理类培训是弥补农民涉农创业者能力短板的必要手段。

（4）财务管理类培训。财务管理涉及创业者对资金筹集、资产购置、现金流管理及利润分配等活动的组织、控制和监督。财务管理类培训旨在提高创业者筹集和使用资金的能力。企业运营的每一环节都离不开财务上的反映和调控，有效的财务管理对于企业优化资本结构、提高资金利用效率、控制成本费用、降低经营风险产生重要影响，在企业管理中处于中心地位。与城市创业者相比，我国农民创业者财富积累相对不足，迫切需要通过财务管理培训提升其多方筹集资金、合理使用资金、控制成本费用的能力，以突破资金约束、提高资金利用效率，进而提高农民创业绩效。

理论上，以上四类培训都有助于提升农民涉农创业绩效。但农民在涉农创业实践中面临的直接问题是市场的开拓和产品的生产，这两类培训可能是处于初创期的农民涉农创业者最需要的。经营管理能力虽然是农民创业者突出的能力短板，但在创业初期，农民涉农创业者的经营规模较小、经营领域单一，在计划、组织、协调、控制等方面的工作较为简单，经营管理类培训的效果并不突出。随着创业过程的不断深入，经营管理培训的重要性会逐步凸显。财务管理类培训有助于农民涉农创业者建立科学有效的财务管理制度从而提高经营效益。但初创期的农民涉农创业者使用的资金量较少。调查显示，农民涉农创业者的平均初始投资为 33.67 万元，初始投资额低于 10 万元的创业者占样本总体的 62.82%。在投资额较低、财务管理工作较简单的情况下，财务管理类培训的作用在创业初期可能并不凸显。基于以上分析，我们提出：

研究假说 1 生产技术类培训和市场营销类培训对农民涉农创业绩效影响较大，是当前培训的重点领域。

7.2.4 正规教育程度和先前创业经历的调节效应

创业培训是一个教与学双向互动的过程，培训效果的实现不仅需要培训主体着力做好师资配备、培训内容设置和方式选择，而且需要培训对象能动地理解、掌握培训内容，并将其付诸实践。因此，有必要分析农民涉农创业者的人力资本禀赋对其创业培训效果的影响。

建构主义学习观认为，学习过程是学习者以其原有知识系统对新信息进行编码，同时原有知识也发生调整变化，从而构建知识体系的过程（温彭年和贾国英，2002）。受教育程度的高低是农民涉农创业者知识广度和深度的直接反映，完整的知识体系和扎实的知识基础有助于他们更好地理解创业培训内容，并将其纳入自己的知识体系，使其人力资本得到提高。另外，信息经济学认为受教育程度可以作为个体能力的信号（Spence，1976）。受教育程度较高的农民涉农创业者往往具有更高的学习能力，因而能够更高效地掌握创业培训内容。因此，我们提出：

研究假说 2 农民涉农创业者的受教育程度正向调节创业培训对其创业绩效的影响。

"干中学"（learning by doing）是指人们在工作过程中总结经验、积极学习，是人力资本形成的重要途径（Lucas，1988）。创业过程就是一个"干中学"的过程。创业过程中，创业者不断经历各种难题并尝试解决，总结经验教训。有过创业经历的农民涉农创业者更清楚相关领域创业成功的关键以及自身的短板，从而有针对性地选择培训内容，并做到理论联系实际，将培训所学更好地用于解决创业中的实际问题。因而对于有过创业经历的农民涉农创业者，创业培训对其创业绩效的提高可能起到更大的作用。因此，我们提出：

研究假说 3 先前创业经历正向调节创业培训对农民创业绩效的影响。

7.3 研 究 设 计

7.3.1 数据来源

本章研究所用数据来自农业部农村经济研究中心 2016 年中国农民涉农创业调查数据。调查对象为农民涉农创业者，调查对象必须满足四个条件：第一，具有农业户口或在长期在农村居住（1 年以上）；第二，年龄在 18～65 周岁；第三，当前的创业活动开始于 2008 年之后；第四，经营活动主要在涉农领域。调查员为招募自全国各大高校的 120 名学生，他们来自我国 29 个省级行政单位（不包含上海、西藏、香港、澳门、台湾 5 个省级单位），120 个县（市、区）的 120 个行政村。调查时间为 2016 年 1~3 月，每位调查员在其家乡所在行政村符合条件的农民涉农创业者总体中随机抽取 1/2 作为样本开展调查。考虑到样本农民理解力和表达水平差异较大，调查统一采取由调查员根据样本农民回答代为填写问卷的形式。本次调查共发放问卷 814 份，回收问卷 773 份，得到有效问卷 745 份，问卷回收率和有效问卷回收率分别为 94.96% 和 91.52%。

7.3.2 变量与测量

1. 因变量：农民涉农创业绩效

本章研究采用"创业活动对生活水平的影响程度"和"与周围创业者相比，创业成功程度"两个变量，通过纵向比较和横向比较综合地反映农民涉农创业绩效。对两个变量，我们分别采用 5 级李克特量表衡量，其中 1 表示"非常小"，5 表示"非常大"，从 1~5 得分越高表示创业绩效越好。为了整合两个绩效变量以综合反映农民涉农创业绩效，对创业绩效变量进行探索性因子分析，结果见第 5 章中的表 5-7。按照相关矩阵特征值大于 1 的标准得到 1 个公共因子，本章研究中用该公共因子得分反映农民涉农创业绩效。

2. 核心解释变量：创业培训

本章关注创业培训对农民涉农创业绩效的影响，按照培训类别设置"是否参加过生产技术类培训""是否参加过市场营销类培训""是否参加过经营管理类培训""是否参加过财务管理类培训" 4 个变量反映农民涉农创业者接受创业培训的情况。对创业培训量表进行信度检验显示，量表的 Cronbach's α 系数为 0.713，说明该量表中各项目内部一致性较高，量表整体可信。对创业培训变量进行探索性因子分析以整合 4 个创业培训变量，结果见表 7-1。Bartlett 球形度检验统计量在 0.01 的显著性水平下显著，因子分析结果较理想。按相关矩阵特征值大于 1 的标准得到 1 个公共因子，其累计方差贡献率为 59.390%。本章使用该公共因子得分综合反映农民接受创业培训情况，以简化分析相关变量对创业培训与农民涉农创业绩效间关系的调节效应。

表 7-1　　　　　　　　　创业培训变量的探索性因子分析结果

测量题项	最小值	最大值	均值	标准差	因子得分系数
是否参加过生产技术类培训	0	1	0.18	0.38	0.309
是否参加过市场营销类培训	0	1	0.10	0.30	0.360
是否参加过经营管理类培训	0	1	0.11	0.31	0.370
是否参加过财务管理类培训	0	1	0.03	0.18	0.318
累计方差贡献率（%）	59.390				
KMO 检验值	0.737				
Bartlett 球形度检验的卡方统计值及显著性	549.280 ***				

注：***、**、*分别表示统计量在 1%、5%、10% 的显著性水平上显著。

3. 调节变量：受教育程度和创业经历

贝克尔（Becker，1964）将人力资本区分为一般人力资本和特殊人力资本，前者包括个体特质、受正规教育水平等；后者指某一特定行业的知识和经验，又分为产业人力资本和创业人力资本。本章用正规教育程度代表农民涉农创业者的一般人力资本；用先前创业经历代表其特殊人力资本，分别考察这两类人力资本对创业培训与创业绩效间关系的调节效应。农民涉农创业者受教育程度划分为小学及以下、初中、高中或中专、大专及以上四组，并分别赋值 1、2、3、4；先前创业经历则用 0~1 变量"此次创业前是否有过创业经历"表示。

4. 控制变量

为了消除创业者个人、创业者家庭、创业行业及创业所在区域等不同层面上一些重要变量的影响，本章研究选取控制变量如下。在创业者个人层面设置一个控制变量：创业者年龄；在创业者家庭层面设置一个控制变量：创业前一年家庭收入。为消除异常值影响，在确认数据无误后对创业者家庭收入进行取对数处理。农民涉农创业行业分为七类：规模种养殖、农产品加工、农资经销、农产品销售、农业服务、休闲农业与乡村旅游、传统手工艺，用六个 0~1 变量表示；创业所在区域按照传统的东、中、西部划分，用两个 0~1 变量表示。

7.3.3　计量模型选择

观察创业绩效变量的因子分析结果发现，创业绩效公共因子是一个定序变量，共有 9 个等级，最小值取值为 1.114，最大取值为 5.570，公差为 0.557，数字越大代表创业绩效越好，符合定序变量特征。因此，本书使用定序 probit（ordered probit）模型①进行计量分析。农民涉农创业绩效影响因素的计量模型为：

$$y^* = \beta_0 + \beta_1 train_1 + \beta_2 train_2 + \beta_3 train_3 + \beta_4 train_4 + \beta_5 edu + \beta_6 exp$$
$$+ \beta_7 (train \times edu) + \beta_8 (train \times exp) + \beta_9 z + \varepsilon$$

式中，y^* 表示农民涉农创业绩效；$train_1 \sim train_4$ 分别代表生产技术类培训、市场营销类培训、经营管理类培训和财务管理类培训，$train$ 为各类创业培训探索性因子分析的公共因子得分；edu 和 exp 分别表示农民涉农创业者的正规教育程度和先前创业经历；交互项 $train \times edu$ 和 $train \times exp$ 分别用来反映

① 定序 probit 模型与定序 logit（ordered logit）模型同属于定序因变量模型。但与有序 logit 模型相比，有序 probit 模型对样本异质性和因变量不同层级之间的相关性具有较高的宽容度。因而本研究选择定序 probit 模型做回归分析。

正规教育程度和先前创业经历对创业培训与创业绩效间关系的调节效应；z 表示控制变量，包括创业者的年龄（age）、家庭收入（inc）、创业行业（ind_1 ~ ind_6）及区域变量（$west$、$east$）。变量的描述性统计结果由表 7 - 2 给出。

表 7 - 2　　　　　　　　　　　　变量描述性统计

变量名称	变量定义	最小值	最大值	均值	标准差
y	创业绩效公共因子得分	1.114	5.570	3.728	0.727
$train_1$	是否参加过生产技术类培训，是为 1，否为 0	0	1	0.176	0.381
$train_2$	是否参加过市场营销类培训，是为 1，否为 0	0	1	0.099	0.299
$train_3$	是否参加过经营管理类培训，是为 1，否为 0	0	1	0.111	0.315
$train_4$	是否参加过财务管理类培训，是为 1，否为 0	0	1	0.035	0.184
$train$	创业培训主成分得分	1.076	4.345	2.768	0.672
edu	创业者受教育程度	1	4	2.373	0.866
exp	是否有过创业经历，是为 1，否为 0	0	1	0.200	0.400
age	创业者年龄	18	68	42.109	9.327
inc	创业前一年家庭收入对数	6.908	15.425	10.510	1.006
ind_1	规模种养殖，是为 1，否为 0	0	1	0.549	0.498
ind_2	农产品加工，是为 1，否为 0	0	1	0.082	0.274
ind_3	农资经销，是为 1，否为 0	0	1	0.081	0.272
ind_4	农业服务，是为 1，否为 0	0	1	0.054	0.226
ind_5	农产品销售，是为 1，否为 0	0	1	0.106	0.308
ind_6	休闲农业与乡村旅游，是为 1，否为 0	0	1	0.119	0.325
$west$	西部地区，是为 1，否为 0	0	1	0.203	0.402
$east$	东部地区，是为 1，否为 0	0	1	0.298	0.458

注：ind_1 ~ ind_6 全为 0 表示创业行业为传统手工艺，$west$ 和 $east$ 全为 0 表示所属区域为中部地区。第 8 章和第 9 章的行业变量和区域变量设置与此处相同，下文不再重复说明。

y^* 是一个连续的隐性变量，无法直接观测，但它属于某个绩效等级。令 y_{ij}（$i = 1, 2, \cdots, n$；$j = 1, 2, \cdots, J$）表示绩效等级，$y_{ij} = 1$ 表示第 i 个样本的创业绩效落在第 j 个等级；$y_{ij} = 0$ 表示第 i 个样本的创业绩效未落在第 j 个等级。则 $\Pr(y_{ij}=1) = \Phi(\mu_j - x_i'\beta) - \Phi(\mu_{j-1} - x_i'\beta)$ 中，x 为解释变量矩阵，β 为待估参数矩阵，$\mu_j(j=0,1,\cdots,J)$ 为门槛值[①]，Φ 为标准正态分布函数。对数似然函数为 $\ln L = \sum_{i=1}^{n}\sum_{j=1}^{J} y_{ij}\ln\Pr(y_{ij}=1) = y_{ij}\ln[\Phi(\mu_j - x_i'\beta) - \Phi(\mu_{j-1} - x_i'\beta)]$。对数似然函数最大化的一阶条件和二阶条件同时满足的前提下，可以求得参数矩阵 β 的估计值。

7.4 实证检验结果分析

7.4.1 定序 probit 模型估计结果

利用定序 probit 模型对本章 3 个研究假说进行检验，结果见表 7-3 第 2 栏。

表 7-3　　　　　　培训对农民涉农创业绩效影响的回归结果

自变量	ordered probit 模型		robust 检验 P 值	ordered logit 模型	
	估计系数	P 值		估计系数	P 值
*train*1	0.479 ***	0.006	0.006	—	—
*train*2	0.455 *	0.098	0.080	—	—
*train*3	-0.063	0.459	0.423	—	—
*train*4	0.188	0.852	0.809	—	—
train	—	—	—	1.021 *	0.051
edu	-0.009	0.862	0.863	-0.116	0.835
exp	0.252 **	0.049	0.017	0.252 **	0.048

---

① 即 $y_{ij}=1$，如果 $\mu_{j-1} < y^* \leqslant \mu_j$，$\mu_j \in (-\infty, +\infty)$。通常门槛值是未知的。

续表

自变量	ordered probit 模型		robust 检验 P 值	ordered logit 模型	
	估计系数	P 值		估计系数	P 值
$train \times edu$	− 0.088	0.609	0.584	− 0.164	0.308
$train \times exp$	0.519 *	0.081	0.046	0.332 *	0.096
age	0.019 ***	0.000	0.000	0.019 ***	0.000
inc	0.113 ***	0.006	0.008	0.110 ***	0.007
$ind1$	− 0.781 *	0.055	0.116	− 0.825 **	0.042
$ind2$	− 0.974 **	0.022	0.056	− 0.988 **	0.020
$ind3$	− 0.626	0.141	0.217	− 0.694	0.102
$ind4$	− 0.738 *	0.092	0.155	− 0.771 *	0.078
$ind5$	− 0.734 *	0.080	0.145	− 0.779 *	0.063
$ind6$	− 0.898 **	0.032	0.076	− 0.979 **	0.019
$west$	0.044	0.664	0.689	0.038	0.706
$east$	0.029	0.752	0.741	0.014	0.873
LR chi^2 值	104.33 ***		103.83 ***	96.91 ***	
prob > chi^2	0.0000		0.0000	0.0000	
preudo R^2	0.0437		0.0437	0.0406	

注：*** 、** 、* 分别表示统计量在 1%、5%、10% 的显著性水平上显著。

从模型整体来看，似然比检验显著，表明模型整体有效，模型选择合理。观察自变量的估计系数及显著性水平，可以得出：

（1）生产技术类培训和市场营销类培训对农民涉农创业绩效的影响显著为正，本书研究假说 1 得证。生产技术类培训的估计系数为 0.479，在 1% 水平上显著，反映了农民涉农创业者对生产技术的掌握有助于其提高创业绩效。市场营销类培训的估计系数为 0.455，在 10% 水平上显著，反映了农民涉农创业者对营销知识的掌握有助于其提高创业绩效。财务管理类培训和经营管理类培训对农民涉农创业绩效影响均不显著。因此，生产技术类培训和市场营销类培训是当前农民涉农创业培训的重点类型。

（2）受教育程度对创业培训与农民涉农创业绩效的关系调节效应不显著，本书研究假说2没有得到支撑。受教育程度与创业培训的交互项为 −0.088，且不显著，反映了正规教育的差异并不是影响农民涉农创业者创业培训效果的显著因素。原因可能在于两点：第一，大多数选择参加创业培训的农民涉农创业者具备接受一般创业培训内容所需的正规教育水平。调查显示，参加创业培训的样本中，具有初中学历的样本占比为 97.24%，而在样本总体中，具有初中以上学历的样本占比为 86.17%。第二，在具备满足接受创业培训内容所需的基本的正规教育水平后，正规教育的高低并不影响农民涉农创业者运用创业培训知识提高创业绩效的能力。总之，正规教育程度低并不构成农民涉农创业者通过接受创业培训提高创业绩效的主要瓶颈。

（3）创业经历正向调节创业培训对农民涉农创业绩效的影响，本书研究假说3得证。创业经历与创业培训的交互项系数为 0.519，在 10% 的水平上显著，表明对于先前有过创业经历的农民涉农创业者，创业培训对其创业绩效的影响更大。同时，观察先前创业经历的估计系数可以发现，先前创业经历对农民涉农创业绩效有显著正向影响。这表明先前创业经历不仅直接有助于农民涉农创业绩效的提高，而且有助于提高创业培训效果，通过"干中学"积累的创业相关人力资本是促进创业能力和创业绩效进一步提高的重要因素。

（4）控制变量中，农民创业者年龄对其涉农创业绩效的影响显著为正，反映了随着年龄增长不断积累的人生阅历对农民涉农创业成功有促进作用。家庭收入对农民涉农创业绩的影响显著为正，反映了更高的财富积累对创业成功的促进作用。六个创业行业变量中五个显著，表明行业选择是影响农民涉农创业绩效的重要因素。

7.4.2 稳健性检验

1. robust 检验

为了验证模型估计结果的稳健性，本书使用稳健标准误（robust std err）

重新对变量系数做显著性检验，所得 P 值见表 7 - 3 第 3 栏。可见，*train*1 ~ *train*4、*edu*、*exp*、*train* × *edu* 和 *train* × *exp* 等关键项的显著性均未发生改变。robust 检验支持本书计量分析结果。

2. 变量替换检验

使用生产技术类培训、市场营销类培训、经营管理类培训和财务管理类培训变量因子分析的主成分得分 *train* 代替各类培训变量，再次进行定序 probit 估计，结果见表 7 - 3 第 4 栏。可见，*train* 的估计系数为 1.021，在 10% 水平上显著，*edu*、*exp*、*train* × *edu* 和 *train* × *exp* 等关键项的估计系数方向和显著性均未发生改变，这进一步支持了本书的计量分析结果。

7.5 结论与启示

本书首先从理论层面划分了农民涉农创业培训的类型并分析了各类培训对农民涉农创业绩效的影响以及创业者的人力资本禀赋对该影响的调节效应，然后用定序 probit 模型对分析结果进行了计量检验。研究得出以下结论：第一，生产技术类培训和市场营销类培训是当前显著影响农民涉农创业绩效的两类培训。第二，正规教育水平差异对创业培训效果没有显著影响，不同文化程度的农民涉农创业者都可以通过参加创业培训提升其创业相关人力资本，从而提升创业绩效。第三，先前创业经历能够使农民创业者更有针对性地选择培训内容、更积极地掌握创业知识并将培训所学更有效地运用于创业实践，从而提高其涉农创业绩效。

本章结论启示如下：

（1）创业培训对农民涉农创业绩效的提高有重要影响，但当前农民涉农创业中创业培训普及程度较低。① 政府既要增加投入支持相关部门开展农业培训，也要鼓励营利性创业培训机构的发展，以促进农民创业培训的普及化。特别要重视通过生产技术类培训满足创业者对相关生产技术的需求，通过市场营销类培训加强创业者对市场经济规律、客户与渠道管理以及互联网和电子商务等方面知识的掌握。农民要重视通过创业培训提升创业相关人力资本，选择切合自身创业实际、针对性强的培训内容，积极参与创业培训。

（2）农民涉农创业者正规教育程度对创业培训效果不存在显著联系。可以认为，我国绝大多数农民涉农创业者都具备接受创业培训所需的基本正规教育，正规教育水平不对农民涉农创业者接受创业培训构成障碍。不同文化程度的农民涉农创业者都应高度重视创业知识的作用，选择切合自身所处行业和创业阶段特点的培训内容，积极参加创业培训以提升创业相关人力资本。

（3）创业经历对农民涉农创业者参加创业培训的效果有显著正向影响。因此，农民应积极稳妥地投身于创业实践，可以先选择门槛较低、风险较小的经营活动开始，通过"干中学"积累创业相关的经验和能力，并有针对性地借助创业培训提升自己对创业活动的认知水平，形成"实践—学习—再实践"的良性循环，最终实现成功创业。而政府也应进一步优化农村创业环境，特别要为农民开展门槛较低的涉农创业活动提供更有利的政策条件。

总之，推进农民涉农创业是实现"大众创业"的重要环节，创业培训是从根本上培育农民创业相关人力资本，提升其涉农创业绩效的有效途径。当前农民涉农创业培训的重点是生产技术类和市场营销类培训。创业培训的进一步发展需要政府和农民两方面的重视和实践。

---

① 调查数据显示，生产技术类培训、市场营销类培训、经营管理类培训、财务管理类培训的参与率分别为 17.6%、9.9%、11.1%、3.5%。

第 4 篇

农民涉农创业中的社会资本

第 8 章

社会资本、创业环境与
农民涉农创业绩效[*]

本章研究将农民的社会资本划分为同质性社会资本和异质性社会资本两种类型，从提供创业资源的意愿和能力视角以及激励监督视角分析了社会资本影响农民涉农创业绩效的机理，并利用 745 个农民涉农创业样本考察了创业环境约束下农民的社会资本对其涉农创业绩效的影响。结果显示：农民的社会资本能够显著提高创业资源的可得性，是影响农民涉农创业绩效的重要因素；由于提供创业资源的能力以及对创业者的激励监督强度不同，异质性社会资本对农民涉农创业绩效的影响比同质性社会资本更大；在创业环境约束性较强的情况下，社会资本对农民涉农创业的作用更为重要。这意味着，农民在涉农创业中普遍依赖社会资本可能是对农村较差创业环境的反应，农民当前可以根据不同类型社会资本的特点充分利用社会资本提高其涉农创业绩效，但从长远来看，农民涉农创业绩效的提高更需要政府健全农村创业服务体系，优化农村创业环境。

　＊ 本章在笔者发表于《上海财经大学学报》2017 年第 2 期的文章《社会资本、创业环境与农民涉农创业绩效》的基础上改编。

8.1 问题的提出

农民涉农创业是指农民采取多种组织形式介入农业产业链的各个环节，以农业资源为依托，投入一定数量的资金去整合各类资源，以实现财富增加和自身发展的行为和过程。随着我国农业现代化的加速推进，农业大户、家庭农场、农民合作社、农业企业等新型农业经营主体在农村不断涌现；农产品加工业、农产品电子商务、休闲农业、乡村旅游业等涉农产业快速发展，一轮农民涉农创业浪潮正在上演。农业本身面临较大的自然风险和市场风险，而农民财富积累和人力资本积累又相对不足，这使农民涉农创业活动面临较大的资源约束和市场约束，创业过程更为艰辛。为了获得创业成功，农民往往求助于社会资本。① 社会资本是嵌入在人们的社会关系中，预期能够给人们带来收益或便利的资源（Bourdieu，1985），这些资源主要是指社会组织的某些特征，如信任、规范及网络（Putman，1992）。在能给人们带来预期收益和需要投资形成方面，社会资本与物质资本、人力资本并无本质区别，因而被科尔曼（Coleman，1988）认为是除物质资本、人力资本外的第三大资本。国外研究大都支持社会资本正向影响创业绩效的观点。汉森（Hansen，1989）发现社会网络②和初创企业成长之间存在正向关联。布鲁德尔等（Bruderl et al.，1998）认为来自社会网络的资金、信息、情感等要素能促进创业绩效的提高。沃森（Watson，2007）指出社会网络为初创企业提供前期发展所需的基本创业资源，对企业是否成功影响甚大。由于中西背景的差异，其结论对中国农民创业不具有直接指导意义，需要具体分析。

---

① 在问卷调查中，我们设计了一些开放式问题以深入了解农民涉农创业过程中的经历和想法。当问及"您创业中最重要的经验"时，除去62名未回答者，在683名回答者中有487位（71.30%）认为"人际关系""人脉""人缘""亲人的支持""朋友的建议"等社会资本因素对创业活动很重要。

② 在国内外相关文献中，"社会资本"与"社会网络""关系网络""社会资源"等词密切相关、意义相近，经常被混用。

近年来，一些国内文献以我国为研究背景，探讨了社会资本对农民创业绩效的影响。朱红根和解春燕（2012）用创业者的社会地位和人际关系、企业的供应商和客户关系、企业的知名度和美誉度等指标反映社会资本，并用结构方程模型分析了社会资本对农民工返乡创业绩效的影响，得出社会资本直接影响农民工返乡创业绩效。郭红东和丁高洁（2013）将农民的社会资本划分为社会性关系网络和市场性关系网络，并用 OLS 模型检验了两种社会资本对农民创业绩效的影响，得出社会性关系网络对农民创业绩效影响更大。但以上研究存在三点不足：第一，未将农民的创业活动区分为涉农创业与非农创业。涉农创业与非农创业在创业环境、创业资源、组织管理等方面差异较大，有必要分别研究。第二，在选择社会资本变量时对内生性问题考虑不充分，将企业的供应商、客户、企业知名度和美誉度等市场型社会资本作为解释变量，而这些变量会随着创业过程的深化和创业绩效的提高而不断积累。以这些变量作为自变量，会造成时间框架对确定因果关系产生影响的内生性问题（朱伊娜和何光喜，2016）。第三，没有涉及创业环境如何影响农民社会资本对其创业绩效的作用。社会资本与创业环境均是通过影响企业从外界获取资源的能力而影响其发展绩效，二者对农民创业绩效的影响可能存在替代性，但当前研究并未考虑这一关系。

本章研究旨在回答两个问题：社会资本如何影响农民涉农创业绩效？社会资本的重要性是否受到创业环境制约？为此，我们做了以下工作：第一，首次以农民涉农创业者为研究对象，使研究的针对性和结论的适用性更强。第二，基于当前我国农村社会特点，借鉴林南（Lin，1981）的社会资本结构理论，将农民创业者的社会资本划分为同质性社会资本和异质性社会资本：同质性社会资本是指与农民创业者处于同一社会阶层，同质性较强、交往频繁、信任程度较高的社会关系；异质性社会资本是指与农民创业者处于不同社会阶层，异质性较强、交往较少、信任程度较低，但可能为农民涉农创业提供各种创业资源的社会关系。由于网络中蕴含的创业资源和网络主体间的信任关系不同，两种社会资本以不同方式影响农民涉农创业绩效。这种划分使我们可以更深入地分析社会资本影响农民涉农创业绩效的机理。第三，选择社会资本变量时，关注创业者在创业前就具备的，基于我国农村血缘地缘关系的社会资本，而不考虑创业后通过市场交易活动逐渐积累的市场型社会资本，以弱化内生性解释变量对研究结果可靠性的影响。第四，以创业环境作为调节变量，考察不同环境约束下社会资本对农民涉农创业绩效的影响强度，深化了对社会资本影响创业绩效机理的分析。本章主要研究结论如下：在农村创业服务体系尚未建立、创业环境有待改善的情况下，能否有效利用社会资本突破创业过程中的各种瓶颈和壁垒成为影响农民涉农创业绩效的关键因素。

8.2 概念界定与理论分析

8.2.1 概念及其反映

1. 社会资本

本章研究中所指的社会资本并非泛指农民创业者的一切社会网络，而是在创业初期可能为农民提供涉农创业所需资源，促进农民涉农创业过程的社会网络，不考虑随着创业活动的深化通过市场交易形成的社会网络。这种社会资本的产生主要是基于我国农村社会的特点。在我国传统农村社会，农民长期在一个村庄生产、生活，形成了共同的习俗、规范和相互间较强的信任，深刻影响着农民的行为方式。改革开放以来，农村人口流动加剧，对传统农村社会网络有所冲击，但农民通过血缘、地缘建立起来的关系仍然发挥重要作用（程昆等，2006）。同时，随着市场经济的深化，我国社会分化加剧，逐渐形成不同的阶层（陆学艺，2002），相应地，农民的社会网络也必然出现结构性变化。有鉴于此，并参考林南（Lin，1981）的社会资本结构理论，我们将农民涉农创业中的社会资本划分为同质性社会资本和异质性社会资本两种类型。林南按照网络主体所处社会阶层的不同，将社会资本划分为强联系（网络主体处于同一阶层）和弱联系（网络主体处于不同阶层）。当研究背景是中国农村社会时，即使是不同社会阶层的主体，也可能受血缘、地缘因素的影响而结成较强的社会联系。因此，我们以同质性社会资本和异质性社会资本代替强联系和弱联系的划分。

在测量社会资本时，当前研究主要以各种社会关系的数量作为指标（陈昭玖和朱红根，2011；郭红东和丁高洁，2013）。我们认为，对社会资本的全面测量应该能反映社会关系的数量和质量。具体地，本章研究用"已经创业的兄弟姐妹数""已经创业的亲戚数""已经创业的朋友数"3 个指标反映同质性社会资本；用"任村干部的亲戚朋友数""在政府机关或事业单位工作的亲戚朋友数""在企业担任管理或技术类职务的亲戚朋友人数""在金融机构工作的亲戚朋友数"4 个指标反映异质性社会资本。这些变量反映了社会资本的数量。同时，不同类型社会资本的相对数量也间接反映了社会资本的质量。本章选择的社会资本变量都是基于农村血缘、地缘关系的社会资本，是在农民创业前就存在的，而不考虑农民创业后通过市场交易活动逐渐积累的市场型社会资本。这就将社会资本与创业绩效的时间顺序固定下来，一定程度上弱化了内生性解释变量对研究结果可靠性的影响。

2. 创业环境

创业环境是影响创业绩效的重要因素。环境中资源的可利用性直接决定企业的生存（Romanelli，1989），环境中资源的丰富程度对企业的创业导向和以后发展有很大的影响（Castrogiovanni，1991）。创业环境是一个抽象的、多维度的概念，可以根据不同的标准对其分类。当前关于创业环境的权威分类有两种：一是戴斯和比尔德（Dess & Beard，1984）归纳的创业环境三维度；二是全球创业观察（global entrepreneurship monitor，GEM）项目构建的创业环境要素体系。戴斯和比尔德用宽松性、复杂性和动态性三个维度界定创业环境的特性。宽松性指环境中可用的企业所需资源的稀缺或充裕程度；动态性指环境因素的变化；复杂性指的是环境因素的数量以及各种因素之间的差异性。GEM 项目把创业环境要素归为九个方面：金融支持、政府政策、政府项目支持、教育与培训、研究开发转移、商业和专业基础设施、进入壁垒、有形基础设施、文化与社会规范。

按照农民涉农创业中面临的主要约束，本章将涉农创业的环境划分为资源环境和市场环境，并关注环境的宽松性维度。资源环境是指创业所在地资金、土地、人才等生产要素的相对充裕程度；市场环境则包括市场信息可得性、产品销售难度、行业竞争程度、行业市场前景等方面。这些环境要素直接影响农民涉农创业中资源的获取及收益的实现，是农民从创业初始就必须面临的关键环境要素。具体测量时，资源环境设置了 4 个指标，分别为"获得创业所需资金的困难程度""获得创业所需农业用地的困难程度""获得创业所需人才的困难程度""获得政府项目支持的困难程度"；市场环境也设置了 4 个指标，分别为"获得市场信息困难程度""销售产品或服务的困难程度""行业竞争程度""行业市场前景"。

8.2.2　社会资本、创业环境与农民涉农创业绩效

1. 不同类型社会资本对农民涉农创业绩效的影响

社会资本并不直接影响创业绩效，但社会资本可以拓展创业者能够支配的创业资源，如资金、技术、信息、销路，从而影响其创业绩效。而社会资本能够提供的资源又直接受社会资本结构的影响。同质性社会资本的特点是网络主体的资源禀赋、经济活动相似，通过长期交往形成了很强的信任，可以彼此交流技术知识、经营管理经验、客户信息，甚至相互提供融资，从而促进农民涉农创业绩效的提高。异质性社会资本的特点是网络主体之间存在职业身份、经济社会地位等方面的差异，因而接触机会较少、相互信任较弱，但他们拥有更丰富的创业资源，可能为创业者提土地流转支持、政策信息、项目扶持、技术知识、管理方法、市场信息、信贷支持等多方面的帮助，从而有助于农民涉农创业绩效的提高。总之，社会资本可以拓宽农民获取创业

资源的渠道，克服创业中的资源瓶颈，使创业资源得到更有效的配置，从而提高农民涉农创业绩效。

从提供创业资源的意愿和能力来看，同质性社会资本的特点是网络主体之间沟通成本和信任成本较低，相互提供支持的意愿较强，农民创业者不需要对该类社会资本追加太多投资就可以从中获得相关资源；但由于网络主体的同质性，相互之间能够提供的创业资源往往种类单一、数量有限，不能够满足农民对创业资源的多样化需求。异质性社会资本的特点是其中蕴含着更多样、更丰富的创业资源，虽然网络主体之间沟通成本和信任成本较高，但在市场经济条件下，作为理性行为主体的农民创业者可能在权衡成本收益的前提下增加对异质性社会资本的投资，以获得所需创业资源，提升创业绩效。从激励监督的角度来看，当农民创业者利用同质性社会资本获得融资支持时，由于彼此之间存在人格上的充分信任，还款条件有较强的弹性，创业者在决策过程中受到的监督相对较弱，不利于督促农民创业者提高创业绩效；相反，如果农民创业者利用异质性社会资本获得融资支持，由于彼此信任程度较弱，创业者通常要受到正式合同的约束，创业过程也会受到更强的监督，从而迫使农民创业者想方设法提升创业绩效以保证能够按合同规定还款。总体来看，异质性社会资本对农民涉农创业绩效的影响更大。

2. 创业环境的调节效应

农民面临的创业环境不同，社会资本对其涉农创业绩效的影响程度也会不同。在生产要素充裕、市场环境宽松的创业环境中，农民通常可以相对容易地通过要素市场和产品市场获得所需的生产要素和产品销路，对社会资本的依赖较小。相反，在生产要素短缺、市场约束较强的创业环境中，农民往往必须通过加强社会资本才能更好地获取通向所需生产要素和产品市场的渠道，对社会资本的依赖性较大。因此，创业环境宽松性负向调节社会资本对农民涉农创业绩效的影响。

在以上分析的基础上，我们需要对三个问题进行实证检验：一是同质性社会资本与异质性社会资本是否均对农民涉农创业绩效有显著正向影响；二是异质性社会资本对农民涉农创业绩效的影响强度是否大于同质性社会资本；三是创业环境是否负向调节社会资本对农民涉农创业绩效的影响。

8.3 研究设计

8.3.1 变量与测量

1. 被解释变量——创业绩效

与前文相同，本章采用"创业活动对生活水平的影响程度"和"与周围创业者相比，创业成功程度"两个变量的公共因子得分反映农民涉农创业绩效（见第 5 章表 5 - 7）。

2. 解释变量——社会资本

对由 7 个变量组成的社会资本量表进行信度检验显示，量表的 Cronbach's α 系数为 0.886，说明该量表中各项目内部一致性较高，量表整体可信。对社会资本变量进行探索性因子分析以整合 7 个社会资本变量，结果见表 8 - 1。KMO 检验值为 0.874，较接近于 1。Bartlett 球形度检验在 0.01 的显著性水平下显著，因子分析结果较理想。按照相关矩阵特征值大于 1 的标准得到两个公共因子，这两个公共因子累计贡献率为 78.88%。从因子得分系数来看，公共因子 1 主要反映异质性社会资本；公共因子 2 主要反映同质性社会资本。因此，本章研究中用公共因子 1 得分表示异质性社会资本，用公共因子 2 得分表示同质性社会资本。

表 8 - 1　　　　　　　　社会资本变量的探索性因子分析结果

	测量题项	最小值	最大值	均值	标准差	因子1得分系数	因子2得分系数
同质性社会资本	已经创业的兄弟姐妹数	0	5	1.526	1.158	-0.209	0.492
	已经创业的亲戚数	0	10	2.930	2.263	-0.137	0.438
	已经创业的朋友数	0	12	3.535	3.191	-0.090	0.369
异质性社会资本	任村干部的亲戚朋友数	0	10	2.401	1.867	0.354	-0.152
	在政府机关或事业单位工作的亲戚朋友数	0	10	2.735	2.134	0.372	-0.146
	在企业担任管理或技术类职务的亲戚朋友数	0	10	2.480	1.838	0.242	0.015
	在金融机构工作的亲戚朋友数	0	6	1.548	0.991	0.358	-0.128
累计方差贡献率（%）				78.880			
KMO 检验值				0.874			
Bartlett 球形度检验卡方统计值及其显著性				3519.347***			

注：***、**、* 分别表示统计量在 1%、5%、10% 的显著性水平上显著。

3. 调节变量——创业环境

对 8 个创业环境指标均采用 5 等级李克特量表反映其宽松性的不同，1 ～ 5 分别代表创业环境由差到好 5 个等级。对由 8 个变量组成的创业环境量表进行信度检验显示，量表的 Cronbach's α 系数为 0.808，说明该量表中各项目内部一致性较高，量表整体可信。对社会资本变量进行探索性因子分析以整合 8 个创业环境变量，结果见表 8 - 2。KMO 检验值为 0.762，较接近于 1。Bartlett 球形度检验在 0.01 的显著性水平下显著，因子分析结果较理想。按照相关矩阵特征值大于 1 的标准得到两个公共因子，这两个公共因子累计贡献率为 61.534%。从因子得分系数来看，公共因子 1 主要反映资源环境；公共因子 2 主要反映市场环境。为简化分析创业环境对社会资本与创业绩效间关系的调节效应，我们使用方差贡献率对两个公共因子得分做加权平均得出创业环境的综合得分作为对创业环境的整体反映。

表 8 - 2 　　　　　　　　　　创业环境变量的探索性因子分析结果

	测量题项	最小值	最大值	均值	标准差	因子 1 得分系数	因子 2 得分系数
资源环境	您觉得获得创业所需资金困难吗？	1	5	2.272	0.911	0.311	-0.065
	您觉得获得创业所需农用地困难吗？	1	5	2.259	0.884	0.327	-0.050
	您觉得获得办公或厂房用地困难吗？	1	5	2.574	0.969	0.376	-0.112
	您觉得获得创业所需人才困难吗？	1	5	2.639	0.990	0.336	-0.053
市场环境	您觉得获得市场信息困难吗？	1	5	2.702	0.908	-0.025	0.311
	您觉得销售产品和服务困难吗？	1	5	2.626	0.974	-0.047	0.334
	您觉得所处行业竞争激烈吗？	1	5	2.568	0.942	-0.103	0.362
	您看好所处行业的市场前景吗？	1	5	2.921	1.031	-0.096	0.347
累计方差贡献率（%）				61.534			
KMO 检验值				0.762			
Bartlett 球形度检验卡方统计值及其显著性				2123.751 ***			

注：***、**、*分别表示统计量在1%、5%、10%的显著性水平上显著。

4. 控制变量

与第 7 章相同，本章通过设置一些控制变量以消除创业者个人、创业者家庭、创业行业及创业所在区域等不同层面上一些重要变量的影响。本章与第 7 章的不同之处在于第 7 章中，创业者受教育程度是调节变量。而本章中，由于研究问题的不同，将创业者受教育程度作为控制变量。

8.3.2 计量模型选择

由于因变量符合定序变量特征，本章研究使用定序 probit（ordered probit）模型做回归分析。令农民涉农创业绩效影响因素表达式为：$y^* = \beta_0 + \beta_1 soci + \beta_2 env + \beta_3 (soci_1 \times env) + \beta_4 (soci_2 \times env) + \beta_5 z + \varepsilon$。式中，$soci_1$ 和 $soci_2$ 分别代表异质性社会资本和同质性社会资本；env 为创业环境；社会资本与创业环境的交互项 $soci_1 \times env$ 和 $soci_2 \times env$ 反映创业环境的调节效应；因变量 y^* 及控制变量 z（创业者受教育程度除外）均与第 7 章相同。各变量的描述性统计结果由表 8 - 3 给出。

表 8 - 3 　　　　　　　　　　　变量描述性统计

变量名	变量定义	最小值	最大值	均值	标准差
y	创业绩效公共因子得分	1.114	5.570	3.728	0.727
$soci_1$	异质性社会资本	-2.580	8.736	2.245	1.415
$soci_2$	同质性社会资本	-2.574	10.030	2.044	2.600
evn	创业环境综合得分	1.076	4.345	2.768	0.672
age	创业者年龄	18	68	42.109	9.327
edu	创业者受教育程度	1	4	2.373	0.866
inc	创业前一年家庭收入（对数）	6.908	15.425	10.510	1.006
ind_1	规模种养殖，是为1，否为0	0	1	0.549	0.498
ind_2	农产品加工，是为1，否为0	0	1	0.082	0.274
ind_3	农资经销，是为1，否为0	0	1	0.081	0.272
ind_4	农业服务，是为1，否为0	0	1	0.054	0.226
ind_5	农产品销售，是为1，否为0	0	1	0.106	0.308
ind_6	休闲农业与乡村旅游，是为1，否为0	0	1	0.119	0.325
$west$	西部地区，是为1，否为0	0	1	0.203	0.402
$east$	东部地区，是为1，否为0	0	1	0.298	0.458

注：$ind_1 \sim ind_6$ 全为 0 表示创业行业为传统手工艺，$west$ 和 $east$ 全为 0 表示所属区域为中部地区。

8.4 实证检验结果分析

8.4.1 定序 probit 模型估计结果

利用 Stata 13.0 进行定序 probit 估计，结果见表 8-4 第 2 栏。从模型整体来看，定序 probit 模型似然比检验显著，模型选择较为合理。进一步分析自变量的估计系数及其显著性水平，可以发现：

（1）农民涉农创业者的同质性社会资本与异质性社会资本均对其涉农创业绩效具有显著正向影响。异质性社会资本的估计系数为 0.374，在 0.01 的显著性水平下显著，说明异质性社会资本对农民涉农创业绩效有正向预测作用。同质性社会资本的估计系数为 0.237，在 0.01 的显著性水平下显著，说明同质性社会资本对农民涉农创业绩效有正向预测作用。总体而言，在当前中国农村背景下，社会资本是影响农民涉农创业绩效的重要因素，社会资本丰富的农民创业者更容易获得创业成功。

（2）异质性社会资会对农民涉农创业绩效的影响强度大于同质性社会资本。异质性社会资本的估计系数大于同质性社会资本的估计系数，反映了异质性社会资本对农民涉农创业绩效的相对重要性。我们将社会资本划分为同质性和异质性两种类型，是对林南（Lin，1981）社会资本结构理论的借鉴和修正：同质性社会资本往往表现为强联系、异质性社会资本往往表现为弱联系。本章得出异质性社会资本对创业绩效的作用大于同质性社会资本的结论一定程度上反映了弱联系社会资本对创业绩效的作用大于强联系社会资本。该结论与布鲁德尔等（Bruderl et al.，1998）、马和黄（Ma & Huang，2008）、丁高洁和郭红东（2013）的研究结论存在差异。这些研究均认为强联系社会资本对创业绩效的影响比弱联系社会资本更大。差异的原因主要在于不同研究中对强联系和弱联系的界定不同。布鲁德尔等（Bruderl et al.，1998）将强联系定义为由家庭成员、亲戚、朋友组成的来往频繁、关系密切的社会网络；将弱联系定义为由生意伙伴、熟人组成的社会网络。马和黄（Ma & Huang, 2008）将强联系定义为集体中的小团体内成员间的关系，将弱联系定义为小团体内成员与外部人员间的关系。丁高洁和郭红东（2013）对强关系的定义是与生俱来的先天性关系，对弱关系的定义是通过后天拓展形成的关系网络。这些不同界定的共同特点是投资于弱联系社会资本的难度较大。本章的研究对象是基于农村血缘、地缘关系形成的社会资本，强联系（同质性社会资本）和弱联系（异质性社会资本）的区别在于主体所处社会阶层不同。由于我国农村传统社会关系的延续，即使弱联系社会网络的主体属于不同的社会阶层，但农民有可能通过投资激活和强化这部分社会资本以实现创业绩效的提高。再加上异质性社会资本中蕴含着更丰富的创业资源，并能对创业者形成更强的监督和激励，因而异质性社会资本对农民涉农创业绩效的作用更大。

（3）创业环境负向调节社会资本对农民涉农创业绩效的影响。异质性社会资本与创业环境的交互项估计系数为 -0.055，异质性社会资本与创业环境的交互项估计系数为 -0.059，二者均在 0.05 的显著性水平下显著。这表示在两类社会资本对农民涉农创业绩效的影响中，创业环境均起到了负向调节作用。该结果表明，农民创业者对社会资本的利用在一定程度上是对创业环境约束的反应。当创业环境宽松性较强时，好的创业环境能够替代社会资本，农民不需要过分重视社会资本就可以实现较高的创业绩效；当创业环境约束性较强时，农民不得不严重依赖社会资本。此外，比较变量估计系数可以发现，创业环境对创业绩效的影响大于社会资本对创业绩效的影响。可见，创业环境是对农民涉农创业绩效至关重要的影响因素。

8.4.2 稳健性检验

为了检验实证结果的可靠性，我们还采用定序 logit 模型和 OLS 模型进行了回归分析，结果见表 8-4 第 3 栏和第 4 栏。结果显示：同质性社会资本、异质性社会资本、创业环境以及社会资本与创业环境的交互项等本研究关注项的参数符号均与定序 probit 模型的回归结果相同，且影响均显著。这进一步支持了本研究结果。

表 8 - 4   社会资本、创业环境对农民涉农创业绩效影响的估计结果

自变量	定序 probit 模型	定序 logit 模型	OLS 模型
$soci_1$	0.374 ***	0.635 ***	0.216 ***
$soci_2$	0.237 ***	0.382 ***	0.138 ***
env	0.687 ***	1.187 ***	0.400 ***
$soci_1 \times env$	- 0.055 **	- 0.091 **	- 0.036 ***
$soci_2 \times env$	- 0.059 **	- 0.095 **	- 0.035 ***
age	0.018 ***	0.034 ***	0.010 ***
edu	- 0.003	- 0.031	- 0.004
inc	0.147 ***	0.275 ***	0.081 ***
ind_1	- 0.624	- 1.246 *	- 0.334
ind_2	- 0.554	- 1.096	- 0.300
ind_3	- 0.303	- 0.702	- 0.153
ind_4	- 0.506	- 0.979	- 0.275
ind_5	- 0.673	- 1.325 *	- 0.350
ind_6	- 0.841 *	- 1.707 **	- 0.438 *
$west$	0.078	0.185	0.014
$east$	- 0.045	- 0.091	- 0.027
LR chi^2 值或 F 值	271.02	254.65	18.12
prob > chi^2 或 prob > F	0.0000	0.0000	0.0000
preudo R^2 或 adj R^2	0.1135	0.1067	0.2691

注： *** 、 ** 、 * 分别表示统计量在 1%、5%、10% 的显著性水平上显著。

8.5   结论与启示

本章我们分析了社会资本对农民涉农创业绩效的影响，以及创业环境对该影响的调节效应，并使用定序 probit 模型对分析结果做了检验。研究得出以下结论：

（1）农民创业者的同质性社会资本和异质性社会资本均能够提高创业资源的可得性，进而提高农民涉农创业绩效；由于提供创业资源的能力以及激励监督的强度不同，异质性社会资本比同质性社会资本对农民涉农创业绩效影响更大。

（2）创业环境在社会资本与农民涉农创业绩效的关系中具有显著调节作用，调节方向为负。农民涉农创业与农民非农创业以及其他主体创业的重要区别在于农民涉农创业的地点大都在农村，创业环境较差。社会资本对农民涉农创业作用显著，很可能是在创业环境较差的条件下，农民不得不多方寻求社会资本的结果。创业环境越差，农民创业者就越有必要和动力积极利用他们的社会资本，通过社会资本来突破创业环境中的资源约束和市场约束，从而提高其创业绩效。

总体而言，这些结论反映了当前我国农民涉农创业中的主要问题：农村创业环境亟待改善，农民涉农创业不得不普遍依赖社会资本。因此，在当前农村创业环境较差的情况下，农民创业者需要努力利用好社会资本提升其涉农创业绩效。但从长远看，农民涉农创业绩效的提高更需要政府健全农村创业服务体系，优化农村创业环境。在本章的研究基础上，后续研究可以从三个方面展开：第一，本章仅以已经创业且存活下来的农民涉农创业者为研究对象。那么社会资本对农民是否开展涉农创业，以及农民涉农创业能否持续经营有没有显著影响呢？这些问题有待进一步探讨。第二，我国幅员辽阔，在不同的地区创业环境可能存在较大差异，不同创业环境下创业行为和创业绩效也可能存在系统性差异。已有文献较少分析我国农民创业的区域差异问题，农民涉农创业与区域环境的关系也有待进一步研究。第三，本章指出当前农村创业环境整体较差，政府应着力改善农村创业环境。但对当前农民涉农创业政策供给和政策需求之间的错位程度以及造成政策供需失衡的原因未做分析。这些问题尚需研究。

第 9 章
社会资本、融资结构与
农民涉农创业绩效

　　本章分析了农民创业者的社会资本影响其融资结构的机制以及融资结构影响农民创业绩效的机制，并利用 745 个农民涉农创业样本对这两类影响做了实证检验。结果显示：农民涉农创业者的异质性社会资本有助于克服正规金融机构与农民创业者之间的信息不对称从而促进农民创业者从正规金融机构获得贷款，正规金融机构融资比民间融资更有助于提高农民涉农创业绩效；同质性社会资本能促进民间融资中的亲友借贷，但亲友借贷由于借贷期限不确定，容易由于临时催债造成创业者资金短缺，对农民创业绩效影响存在不确定性；依托于同质性社会资本成长起来的非正规金融机构由于其有追求超额利率的倾向又游离于监管之外，对农民涉农创业绩效甚至产生负向影响。这意味着，虽然当前我国农民涉农创业融资还在很大程度上依赖亲友借贷和非正规金融机构借贷，但这只是农村正规金融供给不足情况下创业者不得已的选择。短期内，政府有必要继续保持民间融资市场的活力，但要注意规范民间融资市场秩序；长期来看，政府应逐步引导和支持正规金融机构提高为农民创业者服务的能力。

9.1 问题的提出

一定数量的资金投入是农民开展涉农创业的必要条件。但当前我国农村金融市场还不完善，农民创业中面临着严重的信贷约束（平新乔等，2012）。信贷约束对农民创业意愿（朱红根和康兰媛，2013）、农民创业行为（张海洋和袁雁静，2011；冯海红，2016）、农民创业的层次和水平（程郁和罗丹，2009；刘杰和郑风田，2011）都有显著影响。近年来，国内研究者主要从信贷约束原因和解决信贷约束的对策两个方面研究农民创业者的信贷约束问题。关于农民创业者信贷约束的原因，平新乔等（2012）在"有限责任—道德风险"框架下对中国当前的农户创业信贷约束做了实证研究，得出有限责任是造成农户创业中信贷约束的重要原因。张应良等（2015）研究了不同阶段、不同层次创业农户信贷约束的原因，得出处于创业早期阶段、进行农业规模化种养业的农户主要受到需求型金融约束；处于创业发展阶段、创业业态具有创新性的农户主要受到供给型金融约束。当前关于农民创业者信贷约束解决对策的研究主要集中于发挥社会资本（社会网络、"关系"、宗族网络）的作用发展非正规金融。肖华芳和包晓岚（2011）研究得出"关系"对创业者正规金融可得性有显著促进作用。马光荣和杨恩燕（2011）研究表明，社会网络可以促进民间借贷，从而为农民创办自营工商业提供资金支持；正规金融越不发达的地方，民间借贷对农民开办自营工商业发挥的作用越大。平新乔等（2012）提出利用社会资本的力量发展集团融资（group credit）是破解农户创业信贷约束的可行途径。郭云南等（2013）研究表明在正规金融机构缺乏的村庄，宗族网络能够显著提高民间融资额，有助于农民创业资金获取。

总体来看，已有研究对以下两个问题尚未展开充分的研究，特别是基于大样本随机抽样数据的实证研究。一是没有系统地考察社会资本结构对农民创业融资结构的影响。已有研究支持在不完全信贷市场条件下，社会资本在农民创业者获取正规金融机构信贷和民间融资中的作用。但没有具体分析不同类型社会资本对农民创业者融资来源的影响。二是没有深入分析农民创业融资来源对农民创业绩效的影响。不同的融资来源对应着不同的融资成本、还款条件和激励监督，因而融资结构的不同可能对农民涉农创业绩效产生不同影响。但还没有研究专门探讨这一问题。本章以农民涉农创业者为研究对象，首先对融资结构对农民涉农创业绩效的影响以及农民创业者社会资本结构对其融资结构的影响进行理论分析，在此基础上提出研究假说。然后运用计量模型检验研究假说并对结果进行讨论。本章的主要结论为：相比民间融资，正规金融机构融资比民间融资更有助于提高农民涉农创业绩效。虽然当前我国农民涉农创业融资还在很大程度上依赖亲友借贷和非正规金融机构借贷，但这可能只是农村正规金融供给不足情况下农民创业者不得已的选择。

9.2　理论分析与研究假说

9.2.1　融资额度及融资结构对农民涉农创业绩效的影响

在考察农民涉农创业融资结构前，有必要首先考虑创业初始投资额对农民涉农创业绩效的影响。新古典经济学中，单个厂商对某种生产要素的需求取决于该要素的边际产品，当其他要素保持不变时，一种要素的边际产品随着对其投资量的增加而递减。受要素边际产品递减规律的影响，对某种生产要素的投资要与其他生产要素的占有量相协调，使其边际产出相等。创业是集能力和资源于一体的活动，在创业中要充分重视创业者人力资源、社会资源、组织资源、物质资源、财务资源和市场渠道的协调和整合。创业资金并不一定越多越好，而要受创业者其他资源的制约。据此，本章提出：

研究假说 1　农民涉农创业初始投资额对农民涉农创业没有显著影响。

创业资金的来源包括家庭自有资金、正规金融机构融资、亲友借贷、非正规金融机构融资、政府补贴等。根据融资优序理论，借贷市场中往往会存在着信息不对称的情况，贷方往往会因为掌握信息相对较为贫乏而对交易缺乏信心，考虑到交易成本的存在，外部融资需要更多地支付各种成本，因此创业者融资一般会遵循内源融资、债务融资、权益融资这样的先后顺序。而对于农民创业者来说，农民创业的启动资金大多来自自有资金，家庭自有资金是最主要的内源融资方式，因而也是农民创业者融资方式的首选。调查显示，我国农民涉农创业者家庭自有资金占创业初始投资额的比例为 62.58%，此外，我国农民涉农创业者最重要的三种融资方式是正规金融机构贷款、向亲戚朋友借款以及向非正规金融机构贷款，分别占比初始投资额的 14.18%、12.85% 和 5.88%（见第 5 章表 5-3）。三种融资方式在利率、还款期限和监督管理方面存在显著差异，正规金融机构指银行、农村信用社等依法成立的金融机构。

正规金融机构贷款利率以中国人民银行指定的基准利率为参考，并在一定范围内浮动。调查显示，农民涉农创业者从正规金融贷款的利率区间为 5%~10%。正规金融机构贷款的还款方式由正式合同约定，资金使用中会受到更强的监督。因此，从正规金融机构获得贷款的农民涉农创业者可以享受较低的利率，同时他们在严格的还款合约和资金使用监督下，更有动力提升创业绩效以保证能够按合同规定还款。此外，正规金融机构贷款通常需要良好的信用记录和可靠的抵押担保，能够从正规金融机构获得贷款本身就反映了农民创业者有较好的禀赋条件。因此，本章提出：

研究假说 2 正规金融机构贷款在初始投资额中比例越大，农民涉农创业绩效越高。

亲友借贷的方式和利率比较灵活，有的亲友借贷只是临时性的资金融通，没有利息，但这种情况下债权人会形成一种在自己以后需要借钱时也能够从债务人处获得借款的预期；有的借贷则要收取利息，但由于是有亲戚朋友关系的存在，利率通常不会太高，大体与正规金融机构贷款利率相当。亲友借贷的一个突出问题是借款期限存在不确定性，可能因为债权人临时要求还钱而导致创业者面临资金短缺问题，影响创业过程。总体来看，亲友间借贷以一种互惠的方式解决农民创业者临时应急性的资金需求，是农民创业者解决资金问题的重要途径之一。因此，本章提出：

研究假说3 亲友借贷在初始投资额中比例越大，农民涉农创业绩效越高。

非正规金融机构是指在政府批准并进行监管的金融机构（正规金融机构）之外存在的游离于现行制度法规边缘的金融组织，包括各种形式的"会"、地下钱庄、典当行等。虽然标会等非正规金融机构最初的性质是社会网络主体之间资金互助的组织，但在发展中普遍转变为以盈利为目的的地下金融组织，甚至成为一些人诈骗的工具（郭春松，2004）。调查显示，非正规金融机构贷款年利率都在10%以上，一些地区的标会利率甚至在25%以上。由于农民涉农创业初期盈利能力较低，过高的利息给创业者造成沉重的负担。尽管非正规金融机构贷款能够帮助创业者克服正规金融约束，且手续比较简单，但过高的贷款成本提高了创业者的风险。如果投资收益无法抵偿借款利息，农民涉农创业者将面临亏损。因此，本章提出：

研究假说4 非正规金融机构贷款占初始投资额的比例负面影响农民涉农创业绩效。

9.2.2 社会资本结构对其融资结构的影响

按照网络中个体是否处于统一社会阶层，可以将农民涉农创业者的社会资本划分为同质性社会资本和异质性社会资本。同质性社会资本是指与农民创业者处于同一社会阶层，同质性较强、交往频繁、信任程度较高的社会关系；异质性社会资本是指与农民创业者处于不同社会阶层，异质性较强、交往较少、信任程度较低，但可能为农民涉农创业提供各种创业资源的社会关系。不同类型的社会资本蕴含着不同性质的资源，以不同方式影响农民涉农创业者的融资结构。

农民创业者面临正规金融机构信贷约束的主要原因是正规金融机构认为对农民的贷款有收益率低而风险高的特点。收益率低主要是因为面向农民的贷款额度比较小，而金融机构提供贷款的成本相对固定，这样就不能形成贷款业务的规模效应，不利于金融机构降低成本。而风险高则主要是指金融机构对农民涉农创业者贷款的市场风险和信贷市场上的信用风险都比较高。市场风险高主要是因为农业生产的高风险性，农业生产不仅因为受天气影响较大而面临较高的自然风险，而且由于人们对农产品需求弹性小以及农产品容易腐烂变质而面临较高的市场风险。市场风险高可能造成农民创业者的被动违约率较高。信用风险高则主要是因为农民创业者往往无法提供合适的抵押品，而由于金融机构与农民之间存在严重的信息不对称，金融机构很难了解农民的还款能力，也很难对农民贷款后的生产经营行为进行监督。这增加了借贷双方之间的交易成本，最终使正规金融体系很难深入农村信贷市场。在这种情况下，如果农民创业者的社会网络中有正规金融工作人员、公务员、成功企业家等人员，他们就可能以其个人信誉或资产为农民创业者贷款提供有力的证明和担保，克服正规金融机构与农民创业者之间的信息不对称，降低向农民创业者贷款发生的违约风险，使农民涉农创业者更容易从正规金融机构获得贷款。但由于异质性社会关系通常交流较少、信任程度较低，为了使异质性社会资本发挥作用，农民创业者通常要进行额外的投资。总体来看，异质性社会资本有助于农民创业者获得正规金融机构贷款。因此，本章提出：

研究假说 5　农民涉农创业者的异质性社会资本越丰富，正规金融机构贷款在其初始投资额中占比越大。

民间融资的优势是在于能够依托农村的同质性社会资本，更好地利用农村内部的信任、信息以及规范等资源，一定程度上解决了正规金融机构提供农村金融服务中的问题。同质性社会资本从以下三个方面促进了民间融资：第一，信任与预期。村民在长期合作中形成的互惠预期，以及在此基础上的信任可以在一定程度上替代贷款抵押品，防止借款人单方面的背叛（杨瑞龙，2002），克服了村民的违约行为。在农村中，村民往往因为缺乏合适的抵押品而面临信贷配给，得不到生产生活所需的贷款。在这种情况下，村民之间的信任能够使村民从其他村民或非正规金融机构中获得一定数额的贷款，从而缓解村民的信贷约束。第二，信息与交流。在有"熟人社会"特征的农村社区，人们在长期交往中积累了足够多的信息来确知村庄中其他人的经济条件和个人信誉，在借贷行为中能够识别可靠的交易对象，避免由信息不对称形成的逆向选择问题（由于放款人对借款人的信誉状况不了解而放款给信誉较低的借款人从而造成损失的风险）。此外，村庄内的信息和交流还使得对交易对象的监督变得容易，有助于避免由信息不对称形成的道德风险（借款人借款后不还款的倾向）。第三，习俗与规范。村民长期居住在一个社区，在相互交往中经过了多次的博弈，形成一系列的习俗、规范或规则，如对"背叛者"施以孤立或惩罚，这在借贷行为中，增加了村民的违约成本。为了避免被大家孤立，借款者通常会尽力还款。这种惩罚机制促进了村民之间的借贷行为。总体来看，同质性社会资本主要是有助于农民创业者向亲戚、朋友等熟人处获得借款。非正规金融机构的建立和运行也依托于村庄中社会资本。但当前这类机构大都以盈利为目的，利息率较高且风险较大。如果条件允许，农民创业者会更多地选择亲友借贷。因此，本章提出：

研究假说6 同质性社会资本有助于提高亲友借贷在初始投资额中的比例。

9.3 研究设计

本章研究分为两个部分：首先，验证资金额度及其来源对农民涉农创业绩效的影响；然后，验证不同类型的社会资本对农民创业资金来源的影响。

9.3.1 变量设定

1. 被解释变量

检验创业资金额度及其来源对农民涉农创业绩效的影响时，农民涉农创业绩效为被解释对象，与前文相同，采用"创业活动对生活水平的影响程度"和"与周围创业者相比，创业成功程度"两个变量的公共因子得分反映农民涉农创业绩效（见第5章表5-7）。检验社会资本对农民创业资金来源的影响时，创业资金来源为被解释对象，采用正规金融机构贷款、亲友借贷以及非正规金融机构贷款占初始投资额百分比为被解释变量。

2. 解释变量

检验创业资金额度及其来源对农民涉农创业绩效的影响时，创业投资额和创业来源是主要的解释变量。对创业投资额取自然对数以消除异常值影响，并把创业投资额对数的二次项加入模型，以检验投资额对创业绩效的影响是否存在拐点。创业来源方面设置 3 个变量，分别为正规金融机构贷款占投资额的百分比、亲友借贷占投资额的百分比以及非正规金融机构贷款占投资额的百分比，以反映农民涉农创业者的资金来源构成。

检验社会资本对农民创业资金来源的影响时，主要解释变量为社会资本。与第 8 章相同，本章采用对 7 个社会资本变量做探索性因子所得的两个公共因子得分分别表示异质性社会资本和同质性社会资本（见第 8 章表 8－1）。

3. 控制变量

本章在创业者个人、创业所属行业和创业所在区域等方面的控制变量设置与前文相同。与前文的不同之处在于，本章在分析创业融资额度及结构对农民涉农创业绩效的影响时，以农户承包耕地面积而不是家庭收入反映家庭财富水平，这是因为为家庭收入与创业投资额度存在强相关关系，加入家庭收入会造成较严重的多重共线问题。

9.3.2 计量模型选择

（1）检验创业资金额度及其来源对农民涉农创业绩效的影响时，由于因变量符合有序变量特征，本章使用定序 probit（ordered probit）模型做回归分析。令农民涉农创业绩效影响因素表达式为：$y^* = \beta_0 + \beta_1 inv + \beta_2 inv^2 + \beta_3 fin_1 + \beta_4 fin_2 + \beta_5 fin_3 + \beta_6 z + \varepsilon$。式中，$y^*$ 表示农民涉农创业绩效；inv 和 inv^2 分别表示创业初始投资额及其对数；fin_1、fin_2、fin_3 分别表示来自正规金融、亲友借贷及非正规金融的资金占投资额的百分比；因变量 y^* 和控制变量 z（除承包耕地面积 $land$ 外）的定义与前文相同。各变量的描述性统计结果见表 9－1。

（2）检验社会资本对农民创业资金来源的影响时，使用 OLS 模型做回归分析。创业资金来源影响因素表达式为：$fin_i + \beta_0 + \beta_1 soci_1 + \beta_2 soci_2 + \beta_3 z + \varepsilon$。式中，$fin_i (i = 1, 2, 3)$ 分别表示来自正规金融、亲友借贷及非正规金融的资金占投资额的百分比；$soci_1$ 和 $soci_2$ 分别代表异质性社会资本和同质性社会资本；控制变量 z 的定义与前文相同。各变量的描述性统计结果见表 9 - 1。

表 9 - 1 变量描述性统计

变量名	变量定义	最小值	最大值	均值	标准差
y	创业绩效公共因子得分	1.114	5.570	3.728	0.727
inv	创业者初始投资额（对数）	6.908	16.706	11.334	1.577
inv^2	创业者初始投资额（对数）平方	47.717	279.087	130.937	36.410
fin_1	正规金融机构融资占比（%）	0	100	7.139	19.341
fin_2	亲友借贷占比（%）	0	100	17.975	24.941
fin_3	非正规金融机构占比（%）	0	100	1.832	9.998
$gender$	创业者性别，男为1，女为0	0	1	0.820	0.384
age	创业者年龄	18	68	42.109	9.327
edu	创业者受教育程度	1	4	2.373	0.866
inc	创业前一年家庭收入（对数）	6.908	15.425	10.510	1.006
$land$	创业者承包耕地面积	0	1000	13.201	51.894
ind_1	规模种养殖，是为1，否为0	0	1	0.549	0.498
ind_2	农产品加工，是为1，否为0	0	1	0.082	0.274
ind_3	农资经销，是为1，否为0	0	1	0.081	0.272
ind_4	农业服务，是为1，否为0	0	1	0.054	0.226
ind_5	农产品销售，是为1，否为0	0	1	0.106	0.308
ind_6	休闲农业与乡村旅游，是为1，否为0	0	1	0.119	0.325
$east$	西部地区，是为1，否为0	0	1	0.203	0.402
$west$	东部地区，是为1，否为0	0	1	0.298	0.458

9.4 实证检验结果分析

9.4.1 创业资金额度及其来源对农民涉农创业绩效的影响

利用本书课题组 2016 年中国农民涉农创业调查数据对创业资金额度及其来源对农民涉农创业绩效的影响进行定序 probit 回归分析，结果见表 9 - 2 第 2 栏。从模型整体来看，定序 probit 模型似然比检验显著，模型选择较为合理。进一步分析自变量的估计系数及其显著性水平，可以发现：

（1）创业资金额度对农民涉农创业者没有显著影响，本章研究假说 1 得到实证检验支持。初始投资额及其平方项对创业绩效均不存在显著影响，这表明在控制了创业行业、创业区域、创业者个体和家庭基本特征后，创业资金额度对创业绩效不存在显著影响。这与人们"多财善贾"的一般认识相悖。人们通常认为创业资金越多，能够支配的物质资源越多。但在农民涉农创业者人力资本、物质资本、市场渠道等要素缺乏的前提下，单纯地通过增加投资额扩大物质资本并不必然会提升创业绩效。

（2）正规金融机构贷款在初始投资额中的占比对农民涉农创业绩效有显著正向影响，本章研究假说 2 得到实证检验支持。这一结果反映了虽然正规金融机构向农民创业者贷款存在诸多问题，但优化正规金融机构服务机制、增强其服务能力仍应是为农民涉农创业提供融资支持的重要着力点。

（3）亲友借贷在初始投资额中的占比对农民涉农创业绩效没有显著影响，本章研究假说 3 没有得到支持。亲友借贷作为一种互惠性质的临时资金融通方式，有助于解决农民涉农创业者临时性的资金问题。但这种融资方式通常仅限于短期融资，资金收回通常没有确切的时间规定，可能因为债权人临时催债而导致创业者面临资金冲击，影响初创期企业的生存发展。因此，亲友借贷对农民涉农创业的双面影响使其对农民涉农创业绩效的影响存在不确定性。

（4）非正规金融机构贷款在初始投资额中的比例对农民涉农创业绩效的影响有负向影响，本章研究假说4得到实证检验支持。这一结果反映了尽管当前农村非正规金融机构一定程度上弥补了正规金融机构的空缺，但其追求高收益的倾向给借款人带来过高的贷款成本从而给创业绩效带来负面影响。特别是部分农民涉农创业者由于对创业项目前景过于乐观，从非正规金融机构获得高利率贷款。如果经营中，项目收益率达不到贷款利率，就会造成创业亏损。

（5）控制变量中，家庭承包耕地面积对农民涉农创业绩效有显著正向影响，表明土地资源是农民涉农创业中的重要物质资源。6个行业0~1变量中有5个显著，表明农民涉农创业绩效在不同行业中有显著差异。两个区域0~1变量均显著，表明农民涉农创业在东、中、西部有显著差异。

为了检验实证结果的可靠性，进一步使用定序logit模型和OLS模型做回归分析，结果见表9-2第3栏和第4栏。结果显示：创业资金额度及来源变量的符号和显著性均与定序probit模型的回归结果相同。这进一步支持了以上实证研究结果。

表9-2　　　创业资金额度及来源对农民涉农创业绩效影响的估计结果

自变量	定序 probit 模型	定序 logit 模型	OLS 模型
inv	-0.175	-0.101	-0.116
inv^2	0.006	0.002	0.004
fin_1	0.001 *	-0.001	0.001
fin_2	-0.001	-0.003	-0.001
fin_3	-0.008 **	-0.016 ***	-0.005 **
$gender$	-0.091	-0.171	-0.060
age	-0.002	-0.003	-0.001
edu	0.037	0.044	0.025
$land$	0.003 ***	0.006 ***	0.002 ***
ind_1	-1.012 **	-1.746 ***	-0.622 **
ind_2	-0.611	-1.009	-0.366
ind_3	-1.008 **	-1.758 **	-0.626 **
ind_4	-1.129 **	-1.865 ***	-0.723 ***

自变量	定序 *probit* 模型	定序 *logit* 模型	*OLS* 模型
ind_5	-0.882^{**}	-1.580^{**}	-0.533^*
ind_6	-0.835^{**}	-1.457^{**}	-0.518^*
east	0.265^{***}	0.507^{***}	0.187^{***}
west	0.240^{**}	0.378^{**}	0.162^{**}
LR chi^2 值或 F 值	55.92	60.87	3.16
prob > chi^2 或 prob > F	0.0000	0.0000	0.0000
preudo R^2 或 adj R^2	0.0234	0.0255	0.0471

注：***、**、* 分别表示统计量在 1%、5%、10% 的显著性水平上显著。

9.4.2　社会资本对农民创业资金来源的影响

利用本书课题组 2016 年中国农民涉农创业调查数据对社会资本对农民创业资金来源的影响进行定序 OLS 回归分析，结果见表 9 - 3。从模型整体来看，三个 OLS 回归 *F* 检验均显著，模型选择较为合理。进一步分析自变量的估计系数及其显著性水平，可以发现：

（1）异质性社会资本对农民创业者正规金融机构贷款在初始投资额中的占比有显著正向影响，本章研究假说 5 得到实证检验的支持。实证结果还表明，同质性社会资本对农民创业者正规金融贷款占比没有显著影响。而王修华和谭开通（2014）的实证检验表明随着农户的强关系网络规模增加，农户正规机构贷款可获性甚至有所降低。这反映了不同类型的社会资本结构深刻影响农民的融资结构。

（2）同质性社会资本对农民创业者亲友借贷在初始投资额中的占比有显著正向影响，本章研究假说 6 得到实证检验的支持。这一结果反映了农民涉农创业者的同质性社会资本主要是促进了他们向亲友借贷，而其对非正规金融机构贷款的影响没有得到实证结果支持。实证结果还表明，异质性社会资本对亲友借贷占比有显著负向影响。这一结果可能反映了异质性社会资本丰富的农民创业者更容易获得正规金融机构贷款，从而对亲友借贷依赖性较低。这一结果与徐璋勇和杨贺（2014）的研究结论基本吻合。他们基于我国西部地区 1664 个农户样本的实证分析表明正规金融机构倾向于向拥有良好政治关系资本和金融关系资本的农户提供信贷，而非正规金融组织则更看重农户的村庄内部人际关系资本。但在徐璋勇和杨贺（2014）的研究中，非正规金融组织包括亲友借贷。本研究把亲友借贷与非正规金融机构借贷分离开来，得出农民创业者社会资本对两类民间融资的不同影响，深化了已有研究。

（3）其他控制变量中，家庭收入是影响创业资金来源的重要因素。收入水平对农民涉农创业者正规金融机构贷款占比有显著正向影响，而对亲友借贷和非正规金融机构贷款有显著负向影响。这一结果与徐璋勇和杨贺（2014）年的研究相同，表明当前我国农村正规金融机构信贷余额数更多是针对家庭收入较低的农民创业者，而这部分创业者更容易求助于亲友借贷和非正规金融机构借贷。年龄对农民涉农创业者亲友借贷有显著负向影响。

表 9-3　　　　社会资本对农民创业资金来源影响的 OLS 估计结果

自变量	fin_1	fin_2	fin_3
$soci_1$	0.041 *	− 0.465 **	− 0.085
$soci_2$	0.034	0.203 *	− 0.144
$gender$	0.168	2.844	0.565
age	0.104	− 0.204 *	0.057
edu	0.218	0.629	0.053
inc	0.837 **	− 1.462 *	− 0.090 *
$land$	− 0.009	− 0.025	− 0.004
ind_1	8.213	13.161	2.191
ind_2	7.720	4.938	2.188
ind_3	5.599	7.609	0.244
ind_4	8.844	13.918	1.595
ind_5	4.101	8.205	3.645
ind_6	5.829	8.667	2.813
$east$	− 0.296	− 2.953 *	1.132 *

自变量	fin_1	fin_2	fin_3
west	4.766	-2.093	-0.006
F 值	10.90	16.61	6.00
prob > F	0.00	0.000	0.000
adj R^2	0.180	0.131	0.081

注：***、**、*分别表示统计量在 1%、5%、10% 的显著性水平上显著。

9.5 结论与启示

本章分析了农民涉农创业者的社会资本对其融资结构的影响以及创业融资结构对农民涉农创业绩效的影响，并利用全国 745 个农民创业者样本对分析结果做了检验。主要研究结论如下：

（1）农民涉农创业者的异质性社会资本有助于克服正规金融机构与农民创业者之间的信息不对称从而促进农民创业者从正规金融机构获得贷款；正规金融机构融资比民间融资更有助于提高农民涉农创业绩效。

（2）同质性社会资本能够促进农民涉农创业者的亲友借贷，但由于借贷期限不确定，容易由于临时催债造成创业者资金短缺，亲友借贷对农民创业绩效的影响存在不确定性。

（3）非正规金融机构依托同质性社会资本产生，但同质性社会资本对其非正规金融机构贷款的影响没有得到实证支持。由于非正规金融机构有追求超额利息收益的倾向又游离于监管之外，对农民涉农创业绩效甚至产生负向影响。

以上结论意味着相比民间融资，正规金融支持更有助于提高农民涉农创业绩效。虽然当前我国农民涉农创业融资还在很大程度上依赖亲友借贷和非正规金融机构借贷，但这只是农村正规金融供给不足情况下，农民创业者的被动选择。根据以上结论，优化农民涉农创业金融支持可以从以下两方面着手：首先，从短期来看，当前农村金融市场不完善条件下民间融资的重要作用，政府应继续保持民间融资市场的活力，同时要规范民间融资市场的秩序。政府应通过宣传手段使农村形成抵制高利贷等恶性现象的风气。其次，从长期来看，政府应引导和支持正规金融机构提高为农民创业者服务的能力。如支持正规金融机构利用大数据技术加强农户征信体系建设，提高农户信用分析效率，缓解由于信息不对称造成的信贷配给；利用互联网技术简化贷款办理手续，提高放贷效率，降低借贷双方的交易成本；充分利用村民内部的信息资源和信任关系，采取多种方式扩大针对农民创业者的小额信贷业务。

第 10 章

内部治理机制对农民合作社
盘活资源绩效的影响
——社会资本视角的解释*

农民合作社是我国农民涉农创业的重要组织形式。本章研究关注农民合作社的治理机制对其盘活村庄资源绩效的影响，以山西省左权县易地扶贫搬迁地区的三个农民合作社为样本分析了农民合作社的决策机制、激励机制和约束机制对其盈利能力和稳定能力的影响，并从社会资本视角解释了不同治理机制的形成原因。研究发现：工商资本领办型合作社虽然有资金优势，但难以形成与农民合作共赢的治理机制，限制了其盘活迁出村资源的能力；大户领办型合作社更容易在信任的基础上形成有利于盘活乡村资源的决策机制、激励机制和监督机制，但对社员退出的约束力较差，可能影响其面临经营困境时的稳定性；村集体经济组织型合作社更可能基于农村社会资本形成有利于盘活迁出村资源的决策机制、激励机制和约束机制，鼓励这类合作社发展可能是盘活迁出村资源的有效途径。

* 本章在笔者发表于山西农业大学学报（社会科学版）2019 年第 2 期的文章《内部治理机制对农民合作社盘活资源绩效的影响——来自山西省左权县易地扶贫搬迁地区的证据》的基础上改编。

10.1　问题的提出

"十三五"时期易地扶贫搬迁 1000 万人的行动计划，必然会使扶贫搬迁地区在短期内形成大量的"空壳村"。如何有效利用迁出村的土地资源以及由当地居民和政府长期投资形成的水、电、路、房等设施，成为在扶贫的同时提升社会整体经济效率的一个紧迫问题。作为全国扶贫开发工作重点县，山西省左权县于 2001 年开始以易地扶贫搬迁作为扶贫工作的重点，并逐步探索形成了以农民合作社为主体盘活迁出村闲置资源的模式。已有对易地扶贫搬迁的研究主要着眼于易地扶贫搬迁的政策变迁（王宏新等，2017）和执行偏差（何得桂和党国英，2015；王晓毅，2016；李博和左停，2016）、移民安置及移民生计（杨小柳，2012；汪磊和汪霞，2016）、迁入地经济发展（叶青和苏海，2016）和文化建设（周恩宇和卯丹，2017）等方面，而对迁出村资源的盘活利用模式关注不足。目前对农民合作社功能的研究主要集中于农民合作社在为农民提供社会化服务（黄祖辉和高钰玲，2012；王图展，2017）、促进农民增收（刘宇翔，2016；朋文欢和黄祖辉，2017）以及乡村治理（张益丰等，2016；许锦英，2016）等方面的功能，尚未关注农民合作社在易地扶贫搬迁中的作用。山西省左权县的实践表明，在一定的外部环境支持和内部治理机制下，农民合作社能够有效盘活异地扶贫搬迁村的荒山、耕地、水、电、路、房等资源，既解决了搬迁贫困人口的生计问题又发展了地方经济。这一实践为研究易地扶贫搬迁中迁出村资源的盘活利用模式以及农民合作社在盘活利用迁出村资源中的功能提供了很好的样本。

本章研究关注农民合作社在盘活迁出村资源中的作用，旨在回答在外部环境相似的情况下，农民合作社的内部治理机制如何影响农民合作社盘活资源绩效？有效治理机制的形成又受哪些因素影响？本章我们做了以下工作：首先，从盈利能力和稳定能力两个角度反映农民合作社盘活资源能力，构建了决策机制、激励机制、约束机制三大治理机制影响农民合作社的分析框架。

其次，以山西省左权县三个不同领办主体的合作社为样本进行比较案例分析，分析了治理机制影响农民合作社盘活迁出村绩效的机理。最后，以社会资本视角分析了三个合作社不同治理机制和盘活资源绩效的形成原因。本章主要研究结论为：由村干部领办，以两委骨干为理事会、监事会成员，吸纳全体村民入社的村集体经济组织型农民合作社能够依托村庄社会资本形成有效的决策机制、激励机制和约束机制，从而可能在盘活迁出资源中发挥重要作用。

10.2 理论框架

10.2.1 农民合作社盘活资源绩效及其决定

已有农民合作社绩效评价指标体系大都以农民合作社的基本功能为基础，以农民合作社的盈利能力、发展能力和服务社员能力为评价核心，有些研究还考虑到了农民合作社的社会效益和生态效益（徐旭初和吴斌，2010；赵佳荣，2010）。本章研究关注农民合作社盘活易地移民搬迁地区迁出村资源的绩效，因而选择对盘活资源绩效有直接影响的盈利能力作为主要绩效指标。在盈利能力中，经营项目的选择直接影响合作社的产品市场规模和资源需求；而资源整合利用能力直接决定合作社的经营规模和整合利用要素的效率。因此，本章中以经营项目选择和资源整合利用能力反映农民合作社的盈利能力。稳定经营是农民合作社持续盈利和实现各项功能的前提。失当的战略制定、投资决策更可能使合作社陷入产品销售问题、要素供给问题、生产技术问题、行业竞争问题、财务问题等困境，影响合作社的持续经营；而能够抵制内部分裂的合作社可以防止关键资源流出合作社而导致合作社经营失败，确保合作社在遇到经营困境时能够持续经营。因此，本章从农民合作社抵制决策失当能力和抵制内部分裂能力衡量其稳定能力。需要指出的是，农民合作社的盈利能力和稳定能力是相互影响的，盈利能力强的合作社对社员有更强的吸引力，通常也更加稳定；而内部更稳定的合作社往往有较强的抵制外部冲击的能力，使合作社在困境下能持续经营直至实现盈利。

本章通过构建治理机制影响合作社盘活资源绩效的分析框架（见图 10-1）进行比较案例分析，深入探究农民合作社的内部治理治理机制中哪些因素对农民合作社盘活资源绩效具有关键影响，而内部治理机制的形成又如何受合作社社会资本的影响。

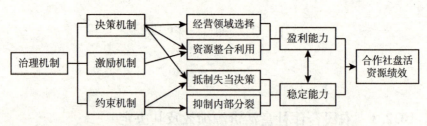

图 10-1　治理机制影响合作社盘活资源绩效的分析框架

10.2.2　内部治理机制对农民合作社盘活资源绩效的影响

决策机制、激励机制和监督机制是公司治理的三大机制，是决定企业经营效率的根本因素（程新生，2004）。本章将监督机制扩展为约束机制，原因在于在农民合作社中，监督机制只是约束成员行为的一个方面，各类具有强制力的契约同样发挥约束成员行为的作用。决策机制、激励机制和约束机制是决定农民合作社经营效率的内因，从根本上影响农民合作社盘活资源绩效。

（1）决策机制。组织管理理论中，决策权的分配和决策程序的安排是决策机制的核心。在农民合作社中，决策权在理事长、理事会、监事会、社员大会等主体之间如何分配；决策程序的制订是否科学、实施是否到位决定了合作社的决策水平。决策机制健全的农民合作社能够将决策团队界定在合理范围，并最大限度地利用团队成员的知识和经验，形成适应合作社内外环境、提高经营效率的决策，并降低合作社在经营领域确定、战略制订和项目选择等关系其生存发展的环节出现重大问题的风险。

（2）激励机制和约束机制。曼瑟尔·奥尔森（1965）认为，一个集团要使它的成员按集团利益行事必须满足两个条件之一：或者一个集团中的成员很少（小集团），或者给予成员独立的激励或强制。在农民合作社中，有效的激励机制和约束机制是激发成员合作积极性、动员合作社内部资源、规范成员行为、提高经营效率的重要保证。激励机制主要是指通过完善盈余分配方式激励合作社中各类要素所有者对要素的投入，促进合作社经营规模的扩张和绩效的改进（周振和孔祥智，2015）。约束机制可以分为借助监督机制发挥作用的约束和通过契约的签订和实施自发实现的约束，监督机制有助于合作社纠正适当决策，合同制定能够约束关键资源退出合作社，二者均有助于维持合作社的稳定经营。

10.3　案　例　描　述

10.3.1　左权县农民合作社盘活迁出村资源概况和案例选择

左权县位于山西省晋中市东南部，是全国扶贫开发工作重点县。截至2015 年底，全县仍有 129 个贫困村、2.06 万贫困户、5.36 万贫困人口，占全县农业人口的 39%。左权县地形以山地为主，耕地面积仅占县域面积的不足 8%。由于山大沟深、石多土少，大量贫困人口散布在生存条件恶劣的山区。到 2000 年底，全县还保留 379 个行政村，平均每村人口不到 200 人，其中 100 人以下的村子就有 200 多个。分散的人口是制约左权县扶贫工作的主要瓶颈。2001 年，为了做好山区贫困人口的扶贫工作，全县以县城为龙头，同时确定基础好、潜力大、位置优、人口相对集中的 34 个行政村为中心村，通过有计划、有步骤的搬迁移民，引导偏远山区群众逐步进入县城和中心村。从 2001 年到 2016 年 8 月，全县累计移民 4 万人。随着移民搬迁进程不断加快，一些"空壳村"随之出现，移民搬迁村原有耕地被撂荒、宅基地被废弃，几十年来积累的水、电、路、房屋等资源被闲置。为了盘活并利用迁出村闲置资源，2006 年以来左权县出台多项政策鼓励原村村民组建农民合作社，遵循合作开发、共同受益的原则重点发展核桃种植加工、杂粮种植加工和乡村旅游三大产业。截至 2016 年 8 月，全县已在迁出村发展各类农民合作社 157 个。

扶贫搬迁地区农民合作社的大量出现体现了盘活迁出村闲置资源、提高资源利用效率的现实需要，也为发展当地产业、提高扶贫效果提供了出路。本章我们选取 SH 乡 BH 村 BH 农民合作社、LQ 乡 LB 村 LX 农民专业合作社和 QQ 镇 XZ 村 RY 农民合作社为研究对象，比较同一地域、相同时期、相似的外部环境下，不同的内部治理机制如何影响农民合作社盘活资源的绩效以及治理机制形成背后的社会资本因素。

10.3.2　农民合作社盘活迁出村资源的案例描述

1. BH 农民合作社

SH 乡 BH 村是一个以山地为主的迁出村。全村现有农户 60 户，人口 285 人，由于年轻人基本外出打工，村中人口以老人为主。本村自然环境优美，温度、光照、土壤适宜谷物、豆类等作物生长。本村村民张××早年创办企业，主营铁路产品。2008 年，张××响应政府号召，租赁村集体的 12000 亩荒山和 90 亩荒地，并吸纳本村的 60 个农户成立了 BH 农民合作社。

合作社最初依托当地山林资源以乡村体验旅游为发展方向，累计投资约1000 万元在其租赁的荒山荒地上建成综合接待楼 2000 平方米、别墅 6 栋以及相应配套设施，同时种植各类林木、果蔬，养殖山猪、土鸡、鱼类为乡村旅游提供支撑。由于经营乡村旅游业连年亏损，投资收回无望，2015 年起，合作社发展重心转向即食小米加工业，一次性投资 2600 万元用于产品开发和设施建设。合作社与中国农业大学签订即食小米粥合作协议，由中国农业大学提供专利技术和设备，解决了生产技术问题，开始了即冲即食小米粥加工项目。为了保障原料来源，合作社又吸纳了40个周边村庄农户为成员。在与成员的利益联结上，不管是本村社员还是外村社员，均未吸纳入股，而是采取类似"公司+农户"的模式：第一步，合作社与社员签订合同，合同载明农户的种植面积以及交付谷子的最低数量，农户从合作社领取种子、肥料等投入品。第二步，社员种植，承担生产风险。第三步，社员把生产的谷子卖给合作社，合作社按高于市价20%的价格收购，并扣除之前垫支的投入品费用，如果农户交付的谷子数量没有达到合同最低要求，农户将承担一定的赔偿。合同每年一签，社员退出自由。在销售模式上，合作社以代理商模式为主。

2. LX 农民专业合作社

LX农民专业合作社由LQ乡LB村村民张××和其他4位种植大户共同发起成立。合作社成立于2008年，最初注册资金85万元，2012年变更登记，注册资金改为500万元，共有社员68户。合作社共有耕地面积2700亩，其中2000亩为理事长张××承包或租赁的土地，700亩为其余67户社员的入股土地，每亩抵1000元股金。

合作社在2008～2012年主要经营小米种植和加工为主营业务；2012年以来，在原有业务的基础上逐步兼营农机服务和生物有机肥生产销售，形成以小米种植加工为核心、多元发展的格局。合作社设有社员大会、理事会、监事会等组织机构。合作社逐步建立并完善了人力、财务、生产、销售等各项经营管理制度，保障了合作社的正常运行。特别是合作社建立了严格的产品追溯系统。合作社从2010～2016年连续6年通过有机产品认证，注册有"LX""LZH"品牌，2014年被农业部评为"国家级农民合作社示范社"，2015年被环保部评为"全国有机杂粮生产基地"。合作社与社员建立了密切的联结机制。合作社为社员统一提供种子、肥料、技术，社员将产品交售合作社。合作社还承担新品种和新技术的引进和推广、社员培训、产品生产质量标准的制定和监督实施、农产品加工和销售、品牌建设和推广等职能。合作社利润在提取公积金和公益金后采取按股金分红和按交易额分红相结合的方式在社员中分配。合作社 2015 年销售收入 435.2 万元，利润 8.6 万元，平均每户得到分红 8000 元。

3. RY 农民合作社

QQ 镇 XZ 村 LGD 自然村位于山西省东部太行山区，水源丰富、环境优美。该村在 2006 年之前有村民 26 户，共计 121 口人，耕地面积 260 亩。由于长期以来交通及通信不便，当地政府将该自然村村民实行移民搬迁至 QQ 镇 XZ 村，致使大部分耕地撂荒。2006 年，时任村支书兼村主任陈××等 6 人集资 30 多万元，吸纳全村 26 户农户以耕地、宅基地折股入社，并使用 LGD 自然村 3700 亩集体荒山荒地，成立了 RY 农民合作社。相应地，在股权设置上合作社设置了资金股、土地股和集体股三种股份，农户入股土地每亩折 1000 元股金，集体荒山荒地每亩折 100 元股金。

RY 农民合作社的发展经历了三个阶段：第一阶段，以核桃林为主的经济林种植和猪、鸡散养为主。该村地理位置、气候条件非常适宜核桃林生长，种养殖业发展顺利。2015 年底，合作社已建成 1700 亩核桃林和 20 万平方米散养基地。核桃林年收入可达 50 万元。第二阶段，合作社从 2010 年开始，围绕"发展观光旅游业，壮大养殖业，做强林果业"的发展思路，依托当地优美的自然环境积极发展乡村生态旅游业。发展中，陈×× 借助其子在 JZ 市国有酒店担任经理的便利，逐步形成以优质餐饮为特色的竞争优势，并以此打开全县市场，年接待量超过 10 万人次，年营业收入 200 万元。第三阶段，发展农产品加工业。庄园规划建设农产品加工厂，占地 3000 平方米，主要加工核桃和肉类制品。合作社盈余分配采取按股分配方式，土地股的分配采用"保底租金 + 二次返利"方式，保底租金每亩每年 500 元，合作社还为社员提供了 20 个固定工作岗位，每年固定工资 3 万元。

10.4 案 例 分 析

10.4.1 相似的外部环境

（1）资源环境。迁出村的资源禀赋是影响农民合租社经营领域和经营规模的重要因素，农民合作社只有选择与当地资源种类契合的经营领域以及与资源数量匹配的经营规模，才能更有效地利用当地资源，发挥其盘活资源功能。本章所选左权县三个农民合作社资源环境相近，都具有易地扶贫搬迁后闲置的荒山、耕地以及水、电、路、房等资源以及当地适宜核桃、杂粮种植的自然条件。

（2）市场环境。易地扶贫搬迁以来，左权县依托迁出村资源重点发展了核桃种植加工、杂粮种植加工和乡村旅游业三大产业。其中，乡村旅游业中经营者众多，几乎每家合作社都试图依托当地的自然条件发展乡村旅游，近似竞争市场，同业竞争严重。与发展旅游业相配套的交通路线、通信设施尚未建成，游客主要来自本县及临近县，市场规模较小。核桃种植和杂粮种植很普遍，但核桃加工和杂粮加工企业数量较少，加工产品相近，类似寡头市场，且产品远销省内外、市场规模较大。

（3）政策环境。易地扶贫搬迁后，左权县政府提出以农民合作社为主体发展三大产业盘活迁出村资源的战略并出台了相应的扶持政策。投入专项扶持资金主要用于苗木、肥料等生产要素补贴；设立了"土地银行"，主要承担信息存储、规范流转、地权抵押贷款等功能；县林业局常年从科研院所聘请专家为农户提供技术咨询服务；政府还出面为合作社和保险公司搭桥，为合作社提供核桃种植保险，并提供部分补贴。

左权县三个农民合作社成立时间相近，外部环境相似，但盘活资源绩效却有显著差异。总体来看，BH农民合作社盘活资源绩效较差，连年亏损，盈利无望。LX 农民专业合作社和 RY 农民合作社盘活资源绩效较好，稳步盈利并能将风险控制在可以承受的范围。为什么在相似的外部环境下农民合作社盘活资源绩效呈现显著差异？下文具体分析不同决策机制、激励机制和约束机制对合作社盘活资源绩效的影响（见表 10-1）。

表 10-1　　　　　　　　　　　农民合作社盘活资源绩效

项目		BH 农民合作社	LX 农民专业合作社	RY 农民合作社
成立时间		2008 年	2008 年	2006 年
领办人		民营企业家	种植大户	村干部
盈利能力	经营领域选择	乡村旅游（2008~2015 年）；发展小米种植、加工（2015 年以后）	小米种植、加工（2008~2012 年）；小米种植、加工为主，兼营农机服务、生物有机肥生产销售（2012 年以后）	经济林种植及猪、鸡养殖（2006~2010 年）；乡村旅游为主（2010~2016 年）；开展农产品加工业（2016 年以后）
	资源整合利用	较差	较好	较好
稳定能力	抵制失当决策	不能有效抵制失当决策	能够有效抵制失当决策	能够有效抵制失当决策
	抑制内部分裂	不能有效抑制内部分裂	不能有效抑制内部分裂	能够有效抑制内部分裂
内部治理	决策机制	领办企业家独占决策权	重大事项由理事会商议并召开社员大会表决	重大事件由理事会商议并召开村民大会投票表决
	激励机制	价格激励	"按交易额分红 + 按股分红"	按股分红；土地股实行"保底租金 + 二次返利"
	约束机制	仅通过一年一签的购销合同约束社员；缺乏社员对理事长的监督	与社员签订入股合同，退股自由；监事会能够实施有效监督	与社员签订入股合同，土地股不能退出；监事会能够实施有效监督

10.4.2 合作社盘活资源绩效差异的解释：决策机制的作用

1. 合作社决策机制的差异

BH 农民合作社由民营企业家牵头成立，投资完全出自其自有企业，合作社决策权实际归理事长一人所有，合作社重大决策由理事长与其原企业的主要管理者商议并由理事长最终决定，是一种独裁的决策机制。在决策者对某一行业有充分了解和经营经验的情况下可能在短时间内做出有效决策。但其缺点是在决策者知识、经验不足的情况下往往做出错误决策，且纠错能力较差，错误决策得不到外界力量的及时纠正。LX 农民专业合作社和 RY 农民合作社的决策机制是一种团队决策机制，前者的决策团队由种植大户构成，他们对市场非常敏感并积累了丰富的行业知识，更能通过讨论得出正确的决策；后者的决策团队由村两委骨干构成，他们有促进村庄发展的动机和集体决策的经验，更可能做出有利于村庄长远发展的决策。两个合作社中，确定经营范围、追加投资等重大事项必须由社员大会通过才能生效，这既能迫使理事会提高决策质量，使决策经得起推敲，又能避免理事会成员窜谋，制定出有损合作社整体利益的决策。

2. 决策机制对经营领域选择及资源整合利用能力的影响

决策机制的不同造成合作社在经营领域决策、投资决策中表现出不同的效率，并直接影响合作社整合利用资源的能力。BH 农民合作社在乡村旅游业市场规模有限、同质化竞争严重的情况下贸然投入大笔资金建设接待设施，形成强大的接待能力。在吸引游客方面始终未能形成独特优势，导致接待能力闲置，连年亏损。LX 农民专业合作社始终以小米种植加工为主营业务，在资金不足的情况下从小做起，重视内部流程建设和品牌建设，使合作社赢得稳定的市场，资金得到不断积累。具备资金实力后又谋求扩大业务，主要是农机服务、生物有机肥加工销售等能够直接服务于小米种植的项目。RY 农民合作社采取滚动发展战略，成立之初主要依托本村大面积的荒山种植经济林和猪、鸡散养，林区充足的水源和无污染的环境适宜养殖，养殖业产生的大量粪便可以作为有机肥料用于种植，形成循环农业格局。在核桃种植和猪、鸡养殖盈利后，合作社再用盈余资金投资于乡村旅游业，并积极寻求市场突破口，形成了以餐饮为特色的竞争优势。为了突破乡村旅游业市场辐射半径小的问题，合作社计划发展农产品加工业，谋求新的盈利空间。合作社在发展中主要用前一步的资金积累支持下一步的投资，是一种低风险的滚动发展模式。

3. 决策机制与抵制不当决策

决策机制还决定了合作社对不当决策的抵制能力。BH 农民合作社在独裁式的决策机制下，对不当决策抵制能力很弱，严重影响合作社的稳定经营。合作社经营七年后才于 2015 年将发展重心转为小米加工。但是此时县内已经发展起数家杂粮加工企业，杂粮产业的盈利能力已经受到削弱，且市场风险加大。在这种情况下，合作社又一次性投入大量资金用于产品开发和设施建设，而对市场反应和原料来源重视不足，面临较大经营风险。

10.4.3　合作社盘活资源绩效差异的解释：激励机制的作用

1. 合作社激励机制的差异

BH 农民合作社经营乡村旅游过程中，虽然全村农户均加入合作社，但吸收他们主要是为了通过成立合作社获得更多政府支持以及降低租赁当地荒山荒地的阻力，社员并未有任何形式的实际参与，完全由理事长个人获得利润并承担亏损。转型发展小米加工后，合作社与社员只是简单的原料供求关系，通过单一的价格激励社员保质保量为其提供原材料。LX 农民专业合作社成立后通过吸收社员以资金、土地入股，与社员建立了紧密的利益联结。在此基础上形成了"价格激励＋按交易额返还＋按股分红"的激励机制。合作社以高于市场价 5％的收购价激励社员与合作社交易，年底盈余在提取公积金、公益金后 2/3 按交易额返还、1/3 按股分红。RY 农民合作社从建立之日起就通过吸收社员以资金、耕地、宅基地入股，并形成了按股分红的激励机制，其中社员土地股采取"保底租金 + 二次返利"的方式，即不论合作社经营状况如何，均需每年支付社员每亩 500 元保底租金，再根据提取公积金、公益金后的盈余状况发放二次红利。

2. 激励机制与合作社整合利用资源能力

激励机制的不同主要导致合作社内部不同要素的所有者提供要素的积极性不同，进而导致合作社整合利用资源能力的不同。作为一家企业家领办型合作社，BH 农民合作社的最大优势是资金充裕。前期发展乡村旅游时，合作社投入大量资金建设相关设施。但面临较小的市场规模和激烈的市场竞争，能否吸引客流才是乡村旅游成功的关键。在收益和风险都集中于理事长个人的情况下，解决合作社市场约束的任务自然地落在理事长身上。但作为一名外来、外行的企业家，理事长本人既缺乏当地人脉，又缺乏行业经验，导致合作社始终未能突破市场约束。由于之前的投资基本用于设施建设，很难退出，造成大量资金和土地的浪费。后来发展小米种植加工时，合作社又大量投资于产品开发和设施建设，形成较大的加工能力。与加工能力配套的原料来源和产品销售渠道成为经营成功的关键。为了保障原料来源，吸收了更多的社员，并签订了购销合同。但以价格激励作为唯一激励，容易受到其他竞争者抬高收购价格而影响原料来源的稳定。销售渠道上采取代理商模式，风险全部由合作社承担，不利于激发产品销售渠道的积极性。LX 农民专业合作社采取"按交易额分红 + 按股分红"的双重激励模式，按交易额分红能够激发社员种植并交售农产品的积极性，保障了合作社稳定的原料来源。而每位社员均以资金或耕地入股的基础上按股分红，形成了风险共担、收益共享、群策群力谋发展的格局。合作社逐步完善了内部管理制度，建立了产品追溯系统，注册了自有品牌，市场规模不断扩大。RY 农民合作社采取按股分红、"保底租金 + 二次返利"的盈余分配方式。保底租金使农户能够获得稳定的资产收益，从而愿意长期将土地投入合作社经营。二次返利又使社员能部分地分享收益、分担风险，提高社员投入土地、劳动力等资源的积极性和对合作社事务的积极性。合作社稳扎稳打，充分利用手头资源滚动发展，在每一步都实现了盈利。

10.4.4　合作社盘活资源绩效差异的解释：约束机制的作用

1. 合作社约束机制的差异

BH农民合作社与社员实际上仅存在购销关系，购销合同一年一签，约束机制薄弱。由于社员与合作社之间没有形成紧密的利益联结机制，社员既无动机也无条件监督理事长行为。LX农民专业合作社与社员签订了正式的股权合同，资金股和土地股均可在社员间转让，也允许退出合作社。监事会由四位出资社员组成，能对合作社的重大决策、财务状况、理事会或理事长的不当行为实行有效监督。RY农民合作社与社员签订正式的股权合同，资金股可以退出；土地股不能退出，只能在社员间转让。监事会由三位村两委成员构成，理事长行为受到监事会有效监督。

2. 约束机制对抵制不当决策和抵制内部分裂的影响

合作社的内部监督机制能够在决策机制之外为不当决策的确立和实施提供另一条防线。BH农民合作社由于缺乏内部监督制度，致使合作社大的投资项目处于无监管状态，而且错误的战略选择长期得不到纠正。LX农民专业合作社和RY农民合作社设置了监事会，监事会成员由与合作社有密切关系的社员担任，使合作社的重大战略选择和投资决策处于监管之下，有效防治了不当决策的产生和实施。

通过合同制定形成的内生性约束，很大程度上影响合作社的内部稳定性。BH农民合作社中，社员与合作社仅靠短期购销合同维系，合作社经营顺利时，社员可以通过与合作社的交易获利，会保持与合作社的关系，当合作社经营困难时，合作社就失去了维系的理由，合作社缺乏凝聚力和稳定性。LX

农民专业合作社中，资金股和土地股均可以退出。在合作社面临经营困境的情况下，社员可能会选择退股出社，特别是土地股的退出使合作社无法保证稳定的生产基地和原料来源，合作社具有潜在的不稳定性。RY 农民合作社中，资金股可以退出，但土地股不能退出，这一约束使合作社在经营困难的时候不至于因为内部分裂而丧失基本经营条件，合作社稳定性较强。

10.4.5 农民合作社盘活资源绩效差异的深层原因：社会资本视角的分析

BH 农民合作社属于工商资本领办型农民合作社，是工商资本参与农业农村领域经营的产物。BH 农民合作社中失败的关键原因在于工商资本进入自身不熟悉的经营领域，试图利用资金实力形成规模优势，但对原材料市场和产品市场重视不足。在与农民的合作中不能充分信任农民，不能与农民建立紧密的利益联结机制和有效的治理机制，也就无法有效激发农民中的多元化资源，盘活资源绩效较差，造成大量资金和土地的浪费。退一步讲，即使该合作社能够利用其企业资源突破发展瓶颈，获得经营成功，农民也只能享受较高的收购价格，盘活资源的绝大部分收益都流入企业家个人，对促进农民增收和提高农民生活水平作用有限。

LX 农民专业合作社属于大户领办型合作社，几位种植大户出资并吸引其他种植户加入。由于社员都是同村的同业农民，在过去的交流和交往中反复博弈形成了广泛的信任。福山（Fukuyama，1995）认为信任是社会资本的核心要素。在农民合作社发展中，信任主要有三个作用：一是促进人们通过可信的交流传播有效信息和知识，从而使合作社能够在集思广益的基础上形成正确决策；二是促进成员之间的互助互惠行为，使成员更积极地将自有资源投入到合作社经营中；三是在广泛信任的基础上形成统一的规范，从而促成集体行动和集体目标的实现。在充分信任的基础上构建了能够充分调动社员参与合作社事务和投入生产要素积极性的治理机制，是 LX 农民专业合作社盘活资源绩效较好的主要原因。

RY农民合作社吸收全部村民以及全村土地入社，由村两委成员担任理事和监事，属于村干部领导下的集体经济组织。该村村民数量很少，村民之间互动频繁、信任较强，建立起强联系型社会网络，这种社会网络有助于形成共同解决问题的机制（Dyer & Nobeoka，2000）。理事长同时是村两委领导，在集体组织内部是政治权威的代表，合作社成立后，理事长又通过为村民提供工作岗位、为村里老人定期发放生活费等方式进一步巩固了其权威。科尔曼（Coleman，1988）认为社会网络中权威的出现能够促进组织的形成和统一行动。在这样的社会资本条件下，RY农民合作社形成了较前两个合作社更为完善的治理机制，并逐渐发展为盈利能力和稳定能力兼备的农民合作社，有效盘活了当地资源。

10.5　结论与启示

本章分析了山西省左权县易地扶贫搬迁地区相似的外部环境下，内部治理机制的差异如何影响农民合作社盘活迁出村资源的绩效，并从社会资本视角进一步探讨了合作社治理机制和盘活资源绩效差异形成的深层次原因。研究表明：

（1）资金并不是盘活乡村资源最重要的因素。缺乏涉农行业经营经验的工商企业领办农民合作社如果只依靠资金实力，而不重视通过治理机制建设有效调动社员积极性，很可能造成大量的资源浪费。工商资本对农民往往缺乏信任，不愿意与农民建立紧密的合作机制，这是制约工商资本在盘活迁出村资源中发挥作用的主要因素。

（2）大户领办型农民专业合作社容易基于地缘、业缘形成紧密的利益联结和有效的治理机制，盘活迁出村资源绩效较好。但由于对社员退社往往缺乏限制，容易在面临经营困境的时候由于社员退社而面临分裂甚至失败。

（3）村集体经济组织型的农民合作社中，农民往往能够在信任和权威的双重作用下形成规范的治理机制，而且村民的身份使农民很难退出村集体经济组织，从而使合作社在经营困境中不至于因为社员退社而面临分裂，具有较强的稳定性，更能在盘活迁出村资源中发挥重大作用。

随着 2020 年全面建成小康社会这一时间节点的临近，大规模的易地扶贫搬迁必然造成大量的迁出村以及村庄闲置资源。这些闲置资源由谁来盘活利用，如何盘活利用是当前我国扶贫开发中的重大问题。在此背景下，充分利用村庄社会资本，探索和引导村集体经济组织型农民合作社的发展是盘活迁出村资源、促进村民共享合作社发展成果、实现长效脱贫的可行途径。

第 11 章

利益相关者的筛选、激励与
农业共营制效率

——政府对农民涉农创业中社会资本的重塑和拓展[*]

农民涉农创业中利益相关者体系的构建是对农民创业相关社会资本的重塑和拓展。本章研究基于四川省崇州市的实践，分析了农业共营制中利益相关者的筛选机制和激励机制及其对农业共营制效率的影响，并从社会资本视角剖析了政府在农业共营制形成中的作用。研究表明：土地股份合作社可以有效筛选出愿意转让土地经营权的农户；通过培训、评级和市场竞争机制可以筛选出不同能力的农业职业经理人；通过组建农业中介服务公司可以筛选和监督经营性社会化服务主体。就激励机制而言，以"保底租金＋二次分红"为主的分成制合约激励土地股份合作社社员和农业职业经理人、以按股分红的分成制合约激励农业产业化企业、以价格三方谈判机制激励社会化服务主体能够有效调动各类利益相关者提供生产要素的积极性，从而实现了农业共营制的高效率。政府通过重塑和拓展农民的社会资本构建了有利于农业经营的利益相关者筛选机制和激励机制，在农业共营制形成中发挥了关键作用。

---

　　[*] 本章在笔者发表于湖南农业大学学报（社会科学版）2017 年第 6 期的文章《农业共营制效率及其利益相关者筛选、激励机制——基于崇州市的经验分析》的基础上改编。

11.1　问题的提出

随着越来越多的年轻农民选择外出打工，农业从业者主要以留守老人、妇女为主，"谁来种地""如何种好地"等问题日益突出。为此，基于服务链、加工链、功能链整合的农业共营制在中国农村许多地方悄然兴起。近年来，中国已进入农业产业链加快整合阶段，将农业产业链多个环节紧密联结、共同促进农业发展的农业共营制将成为未来中国农业发展的重要模式。

崇州市是四川省成都市的农业大县和粮食主产区，有"西蜀粮仓"之称，其总人口约 67 万人，农业人口约 46.2 万人。随着中国工业化和城市化的快速推进，崇州市农村外出劳动力持续增加，2012 年农村外出劳动力比例已经高达 73.4%（谢琳和钟文晶，2016），"谁来种地"问题日益突出。为此，崇州市进行了大胆探索，2010 年开始推行"土地股份合作社＋农业职业经理人＋现代农业服务"三位一体的农业共营制模式（罗必良，2014），即引导农户以土地承包经营权入股，成立"土地股份合作社"，以此推进农业规模化经营和农业专业化生产。土地股份合作社由懂技术会经营的种田能手担任职业经理人，负责合作社土地的生产经营管理。为了适应规模化、专业化经营的需求，政府解决主导和推动专业化服务体系建设，打造"一站式"农业服务综合平台。近年来，为解决农业共营制的发展带来的农产品销售相对困难这一普遍性问题，崇州市开始引导一些土地股份合作社与农业产业化企业联合、合作，以畅通农产品销路。农业共营制逐步从三位一体进入了"土地股份合作社＋农业职业经理人＋现代农业服务＋农业产业化企业"四位一体时代。总之，四川省崇州市农业共营制实践具有一定的典型意义和代表性。

在越来越多的中国农村尝试不同形式的农业共营制的同时，学界对其也开展了不少探讨。笔者的文献梳理表明，已有研究重点关注的是农业共营制的效率来源。如罗必良（2015）基于理论和规范分析，认为农业共营制通过构建"产权交易装置""企业家才能交易装置""服务交易装置"获得了农业经营的规模经济和分工经济，为实现农户承包基础上发展现代农业经营方式提供了可能途径；谢琳和钟文晶（2014）以新制度经济学、交易成本理论为分析工具，探讨了农业共营制的效率主要来源，并认为效率主要来源交易型分工效用。这些研究均强调交易成本的节约是农业共营制的主要效率来源，鲜有基于其他视角的经验分析。基于已有研究视角单一的问题，笔者拟基于对崇州市农业共营制的深入调查，从利益相关者视角考察农业共营制的效率来源，分析农业共营制中利益相关者的筛选机制和激励机制，以深化人们对农业共营制的认识，并为推动中国农业经营模式创新和转型发展提供借鉴。

11.2　农业共营制及其效率

崇州市农业共营制的产生既是解决"谁来种地"问题的内在需要，也是政府积极作为解决突发事件的结果。多年来崇州市积极探索农地规模化经营的实现方式，如鼓励农业大户、农民专业合作社、农业龙头企业等主体流转农地来开展规模化经营，但效果不明显，甚至出现恶性事件。2009年鹰马龙罐头食品有限公司毁约退租桤泉镇200余公顷耕地后，农户不愿意收回承包地，而要求此前鼓励其将土地连片流转给该公司的地方政府承担责任，为此，崇州市开始探索"农业共营制"。一方面，成立土地股份合作社并聘请有技术、懂管理、了解市场的农业职业经理人负责大规模耕地的经营，解决大面积耕地无人经营的问题。另一方面，政府主导推动农业社会化服务体系建设，解决与农地规模化经营匹配的农业基础设施建设、农资供应、耕种服务、农机服务、植保服务等产前、产中要素投入问题，促进农业资源优化配置。农业共营制逐步得以推广，保障了当地农业资源的有效利用和农产品的稳定供给，但也造成了不同土地股份合作社之间竞争加剧、农产品销售困难、收益降低等问题。为了解决农产品卖难问题，崇州市又开始探索建立土地股份合作社与下游农业产业化企业建立紧密的利益联结机制，保障农产品销售渠道的稳定，进一步丰富了农业共营制的内涵。

崇州市的农业共营制显著提高了农业经营效率，主要表现在三个方面：一是农产品单位面积产量的提高。据调查，2016 年实行农业共营制的土地股份合作社水稻产量平均可达 39 吨/公顷，比周边农户分散经营产量增加 0.5 ~ 0.6 吨/公顷；其小麦产量平均达到 4.125 吨/公顷，比周边农户分散种植高出 1.125 吨/公顷。二是农业生产成本的降低。以粮食作物种植为例，2016 年实行农业共营制的土地股份合作社每公顷每年直接节约生产成本 2250 元以上。三是增加了土地股份合作社农民的收入。据崇州市农村发展局估计，2016 年实行农业共营制的土地股份合作社农民户均增收 6000 元以上。

新古典厂商理论认为，受要素边际产品递减规律的影响，企业对某种生产要素的投入量要与其他生产要素的占有量相协调，使各种要素边际产出接近，因而关键生产要素的获取决定了企业的资源配置效率。利益相关者理论认为，利益相关者是向企业投入实物、人力、资金等资源，并承担一定风险（Clarkson，2014），从而影响企业目标实现的个人或组织（Freeman，1983）。因此，从环境中筛选出优质的利益相关者，并激励其积极提供企业所需关键资源，是提高企业资源配置效率的重要保证。农业共营制中，土地股份合作社就是一种把生产要素有机组合起来从事经营活动并力求盈利的组织，与企业并无本质不同。农业共营制的发展过程就是土地股份合作社不断与利益相关者建立合作关系以破解经营中资源瓶颈的过程。从崇州市农业共营制实践来看，农户、农业职业经理人、农业服务主体以及农业产业化企业分别提供土地、经营管理能力、农业生产资料和劳务服务、农产品销售渠道等农业经营中的关键生产要素，直接影响农业共营制的效率，是农业共营制中最重要的利益相关者。崇州市农业共营制的主要成功之处在于其设计并成功实行了一系列从环境中筛选出利益相关者的筛选机制和激励利益相关者积极提供生产要素的激励机制（见表 11 - 1），从而实现了农业资源高效配置。

表 11 −1　　　　崇州市农业共营制的利益相关者及其筛选与激励机制

项目	利益相关者			
	社员	农业职业经理人	农业社会化服务主体	农业产业化企业
提供要素	土地	农业生产管理	农业生产资料、生产服务	农产品加工、销售
筛选机制	土地股份合作社的设立	农业职业经理人的培训与评价	综合性服务公司的合作制度	—
激励机制	分成制盈余分配合约	分成制盈余分配合约；与职业经理人分级伴随的政策优惠	价格三方谈判机制	分成制盈余分配合约

11.3　利益相关者的筛选机制

筛选出有意愿、有能力为土地股份合作社提供经营所需资源的利益相关者是农业共营制效率实现的重要前提。崇州市在政府主导和推动下，主要通过土地股份合作社筛选土地提供者；通过职业经理人评级和市场竞争筛选农业职业经理人；通过组建农业社会化中介服务公司筛选农业服务主体，解决其经营中的资源约束问题，为其经营效率的提高创造条件。[①]

11.3.1　土地供给者的筛选

土地股份合作社是实现农业共营制中各相关者利益的纽带，是农业共营制的核心载体。它主要由村集体经济组织按照"入社自愿、退社自由，利益共享、风险共担"原则，由以土地经营权作价折股加入的农户成立，并在工

---

① 当前"土地股份合作社＋农业职业经理人＋现代农业服务＋农业产业化企业"四位一体的农业共营制处于试点阶段，只选择了 5 家盈利能力强、市场前景好并愿与土地股份合作社建立紧密联结的农业产业化企业作为试点企业，尚未形成完善的农业产业化企业筛选机制。

商行政管理局注册登记。土地折股一般参照产量、地力、位置等因素，将土地分为上、中、下三个等级，以上等田为基数，中等田和下等田分别以其9折和8折作价，社员股数并由社员签字确认。对不愿加入合作社的农户，由村集体协调进行必要的农户承包地互换，力求土地股份合作社土地集中、连片，有利于土地规模化经营。土地股份合作社通过章程确定组织和治理结构及社员权利与义务。如明确社员是土地股份合作社的所有者，社员大会是合作社的权力机构，合作社重大事务如股权设定、经理聘用、分配方案及种植结构等重要经营决策必须由社员大会表决通过。理事会作为执行机构，主要负责制订股权方案和分配方案，聘用经理人并提出年度种植结构预案。监事会作为监督机构，主要负责代表社员监督理事会和农业职业经理人。

土地股份合作社有效筛选出愿意转让土地经营权以获取股权收益的农户，并通过集体经济组织协调农户承包土地的互换实现土地资源整合，为农业共营制引入其他利益相关者的创造了条件。截至 2017 年 6 月，崇州市已组建土地股份合作社 226 个，入社面积 2.1 万公顷，占全市耕地面积 61%；入社农户 9.2 万户，占全市总农户的 61%。

11.3.2 职业经理人的筛选

农业职业经理人是农业共营制的关键要素。崇州市在农业职业经理人的筛选中，政府充分利用教育的发送信号功能（Spence，1973），构建了包括培训和评价两个环节的农业职业经理人筛选机制。崇州市政府基于农业职业经理人培训设立财政预算专项，选拔有志于农业规模化经营的种植能手、返乡农民工、大中专毕业生等作为培训对象，并从高校、科研院所、农技推广部门聘请专家组成培训团队，加强农业技术、产品营销、农村金融、产业组织等方面的培训，以遴选和培育具有适应农业规模经营所需能力的复合型农业职业经营人才。同时全面建立农业职业经理人培训的导师制度，将全市划分为 12 个片区，由培训专家团队定期以片区为单位对农业职业经理人开展面对面指导和示范，让他们在干中学、学中干，确保保证培训效果。在评价环节，崇州市制定农业职业经理人初、中、高三级评定制度，根据农业职业经理人的生产技能、管理能力、经营规模和经营业绩，对其每年进行一次等级评定并颁发相应等级证书，为土地股份合作社甄别和聘用优秀的农业职业经理人提供有效参考依据。

2014年9月，成都市基于崇州经验，颁发《关于加强农业职业经理人队伍建设的意见》，进一步建立和完善农业职业经理人选拔、培养、管理和服务机制，促进了农业职业经理人市场的发育。至2015年，崇州市农业职业经理人达1887人，在土地股份合作社、家庭农场等新型农业经营主体上岗的达823人。土地股份合作社只要通过农村产权交易中心网站发布农业职业经理人招聘信息，便可与前来应聘者在双向选择的基础上签订聘用协议。职业经理人的筛选机制的建立和不断完善为崇州市农业共营制的实施提供了必要的人才保障。

11.3.3 社会化服务主体的筛选

农业共营制下的土地规模经营离不开产前、产中、产后环节提供各种服务以及技术支持，因此，健全的农业社会化服务体系是农业共营制不可或缺的重要支撑。为了筛选出优质高效的农业社会化服务主体，崇州市整合农业公益性服务资源，引导供销合作社、农业龙头企业、专业大户等联合组建了三家农业中介服务公司。这三家农业中介服务公司负责筛选产品质量好、服务能力强、服务价格优的农业企业、农民合作社等经营性主体作为合作伙伴，并对其提供的服务项目、服务质量实行登记备案制度。备案信息为筛选经营性服务主体提供了可靠依据，凡是因服务质量问题被服务对象投诉三次以上的经营性服务主体，服务公司将取消与之合作。

为了提高社会化服务效率，崇州市还积极探索农业社会化服务超市化新模式，将全市划分为10个片区，每个片区建立1所农业服务超市，为土地股份合作社和其他农业经营主体提供技术咨询、农资配送、专业育秧、耕种服务、农机服务、植保服务、田间运输、粮食代烘代储、金融保险等服务。

截至 2017 年 6 月，3 家农业中介服务公司累计整合农资供应商 22 家，每年可为土地股份合作社等提供肥料 8000 余吨、种子 100 余吨；整合专业育秧公司、育秧合作社建成 2 个工厂化育秧中心、25 个水稻集中育秧基地，具有每年为 6 万余公顷耕地提供秧苗的能力；整合劳务合作社 6 个，从业人员 1000 多人；整合农机专业合作社、农机专业大户 22 个，拥有大中型农机具 320 套；整合植保专业合作社、植保机防队 17 个，拥有植保机械 700 余台（套）；农业服务超市服务面积达 1.3 万余公顷，辐射全市 25 个乡镇（街办）的土地股份合作社。

11.4　利益相关者的激励机制

激励机制是在组织系统中有关主体调动客体积极性的制度的总和，一般由激发和制约两方面的规制构成。人并不可能真正地被其他人所激励，人的行为归根到底是自身控制的（刘正周，1996），因而激励机制的核心就是通过外在因素的刺激唤醒激励客体自身的行为驱动力量，使客体自觉、高效地为了满足自身需求而按照主体的要求行动（劳里·穆林，2008）。崇州市农业共营制效率的一个重要源泉就是其有效的激励机制设计和实施成功激发了土地股份合作社的社员、农业职业经理人、农业产业化企业、农业社会化服务主体等利益相关者的积极性。

11.4.1　对社员和农业职业经理人的激励

土地股份合作社对社员和农业职业经理人的激励主要是通过盈余分配合约的设计给予其适当的收益预期。社员股份分红合约一般分两类，即"保底收益 + 二次分红"；不设保底收益、只按股分红。2017 年崇州市约有 80% 的土地股份合作社采取"保底收益 + 二次分红"。例如，集贤乡涌泉土地股份合作社采取每年向社员支付 10800 元/公顷的保底收益，并将盈余（经营收益扣除经营成本）的30%作为社员土地入股的二次分红。

农业职业经理人的佣金合约有三类："保底佣金＋二次分红"；仅按盈余固定比例获得佣金，通常为50%；"保低佣金＋超奖短赔"。① 采取"保底佣金＋二次分红"合约的土地股份合作社约占80%。总体来看，社员的收益分配合约与农业职业经理人的收益分配合约均以"保底收益＋二次分红"为主。

除盈余分配合约外，农业职业经理人分级制度也是激励农业职业经理人的重要手段。崇州市在对农业职业经理人评级的同时，对不同级别的职业经理人在规模种植补贴、信用贷款支持等方面还给予不同程度的激励，例如，中级以上农业职业经理人享受提高10%的粮食规模经营补贴；初级、中级、高级农业职业经理人分别享有信用贷款10万元、20万元、30万元的权利，并给予银行同期贷款基准利率50%贴息。与更高评级伴随的更多的政策优惠也成为激励农业职业经理人提高经营业绩的重要动力。

11.4.2　对土地股份合作社与产业化龙头企业的激励

与农业产业化龙头企业建立紧密的利益联结机制是解决土地股份合作社产品销售渠道的可行途径，也是让农民获得更多流通环节价值增值的有益尝试。2015年以来，崇州市土地股份合作社与农业产业化企业的联结初步形成入股经营、资产联营和产品联营三种模式。现将其激励机制分述如下：

（1）入股经营，即农业产业化企业以技术、资金等要素入股土地股份合作社，成为其团体成员，一般主要负责合作社农产品销售。企业作为团体成员其激励方式有两种：土地股份合作社按照农业产业化企业的需求进行生产；入股的分红回报。农民社员以土地经营权作为优先股，按照约定优先获得一定的基本收益，土地股份合作社在支付社员基本收益后，再对盈余按股份予

---

① "超奖短赔"是指年初土地股份合作社与农业职业经理人议定经营成本和产量，当年经营实现成本节约的奖励经理人节约部分的一定比例，超出议定成本的从经理人基本佣金中扣除超支部分的一定比例；当年产量超出议定产量的，奖励经理人超产部分的一定比例，未达到一定产量的，从基本佣金中扣除差额部分的一定比例。

以分红。

（2）资产联营，即土地股份合作社以土地经营权折股、农业产业化企业以资金、技术等要素折股，组建新的农业公司。新的农业公司公开聘用总经理、农业职业经理人从事生产经营管理，并按照农业产业化企业的需求独立经营，土地股份合作社参与监督生产经营管理。公司实行"优先股 + 分红"分配方式，先确保合作社土地经营权入股（优先股）基本收益（相当于给土地股份合作社一个保底收益），剩余利润再根据土地股份和资金、技术股份分红。

（3）产品联营，即土地股份合作社按照农业产业化企业的要求，在农产品生产上统一技术、统一投入、统一标准、统一管理；农产品收获后再由企业统一储藏、统一加工、统一品牌、统一包装、统一销售。农业产业化企业获得销售收入，在扣除生产销售环节的成本费用后优先按照市场价格支付土地股份合作社农产品价款，并将其最终利润的一部分按交易额返还给土地股份合作社。

在入股经营和资产联营模式下，土地股份合作社的收益可以分为两部分：以优先股股利形式支付的土地租金；按照股份比例分享剩余利润。在产品联营模式下，土地股份合作社的收益也分为两部分：农产品价款；剩余利润的一定比例按照交易额在参与合作的土地股份合作社之间分配。在经营稳定的年份，土地租金和农产品价款收益相当于保底收益。在三种模式下，农业产业化企业均只按股获得红利。目前崇州市有 23 家土地股份合作社、5 家农业产业化企业开展了"土地经营权 + 农业产业化企业"经营试点，其中入股经营试点 1 个，涉耕地面积 125 公顷；资产联营试点 3 个，涉耕地面积 311 公顷；产品联营试点 1 个，涉耕地面积 286 公顷。

总体而言，不管是土地股份合作社社员与农业职业经理人之间，还是土地股份合作社与农业产业化企业之间，均采取分成制的盈余分配合约。尽管分成制不符合效率原则，却是现实中最为合理的激励方式。主要是因为给予要素提供者完全的固定报酬尽管能确保要素提供者不承担任何经营风险，但由于报酬没有与提供要素数量挂钩，不利于调动要素提供者的积极性。而完全与要素提供量挂钩的合约则面临所提供要素的计量问题，特别是对劳动、管理等难以准确测量的要素进行计量的成本非常高。以经营成果份额为依据的分成制则可以通过选择分成比例对要素提供者施加适当的激励强度，同时经营风险也由各类要素提供者共同承担，具有分散风险的效果。"保底收益＋二次分红"的分成制合约则在有效激励农户、职业经理人等自然人利益相关者的同时为他们提供了稳定的基本生活保障，因而成为当前农户收益合约和农业职业经理人收益合约的主要形式。农业产业化企业作为企业法人，其经营目标就是追求利润最大化，因而其收益合约基本都是按股份获得利润。

11.4.3　对农业社会化服务主体的激励

农业社会化服务主体主要通过为农业经营主体提供农资和服务获取收益，对其激励主要采取价格激励的方式。崇州市建立的农资和服务价格"三方协商机制"的具体内涵是：农业中介服务公司在每年大春（5 月至 9 月，种水稻）、小春（10 月至来年 4 月，种小麦）之前，邀请一定数量的经营性服务主体代表、农业职业经理人代表以及市农发局技术人员代表，召开供方、需方、技术人员三方参加的农资和服务价格协商会议，汇集各方意见形成当年服务价格。这种价格形成机制有两个优势：一是一定数量的经营性服务主体代表与农业职业经理人代表可以充分议价，形成更加公允的价格，避免了单个经营性服务主体与规模较大的土地股份合作社议价时处于不利的谈判地位，形成买方垄断价格，损害经营性服务主体的销售收益；二是第三方技术人员充当了专家和协调者的角色，有助于在双方僵持不下的情况下促进合理价格的形成。在这种机制下确定的农资和服务价格比较公允和合理，能够为经营性服务主体稳定地为土地股份合作社提供所需服务提供有效的价格激励。

11.5 政府在农业共营制形成中的作用

郭红东和丁高洁（2013）在李新春和刘莉（2009）研究的基础上将农民创业者的社会资本划分为社会性关系网络和市场性关系网络。前者是基于非商业化的社会合约建立的关系，是天生的或通过长期的交往过程而形成的；后者是基于单纯的商业交易原则，通过谈判对双方的利益、责任和风险进行清晰的界定，并通过长期的市场买卖关系而形成的相互之间的信任关系。农业共营制成功的根本原因在于政府通过对农民社会性关系网络的重塑和利用，成立了土地股份合作社进行规模化经营；并在政府主导下通过建立农业职业经理人市场、农业中介服务公司、推动土地股份合作社与农业产业化龙头企业合作等方式帮助农民拓展市场性网络，构建了有利于解决农业经营中的土地资源、企业家才能、生产资料供应、产品销售等关键问题的利益相关者体系。

农业共营制的起点是在政府引导下，将农村土地资源以股份化的方式集中起来实行规模经营，形成一个独立的市场主体——土地股份合作社。这是政府对农村中社会性关系网络的重塑。科尔曼（Coleman，1988）认为在传统社会结构中，社会资本主要是由家庭和由家庭派生出的其他社会结构，如邻里社区等原始性社会组织所提供。而在现代社会中，随着原始性社会组织的逐渐衰落，旧有的社会资本不断受到侵蚀，而由于社会资本的公共物品性质，它难以得到及时有效的补充，从而造成了一种真空状态。因此，在新型社会结构中，急需一种传统社会资本的替代物。这种替代物就是人工创建的社会组织，或称法人行动者。而政府在农业共营制中的主要作用就是通过引导土地股份合作社章程制定并为股份合作社提供工商注册，在村民之间传统社会资本的基础上创建了土地股份合作社这一法人型经济组织，并形成了一系列规范。正式的法人型经济组织能够通过惩罚和奖励使组织内个体按照公共利益行动，从而提高了个体行动的一致性，提高了整体的行动效率。具体到农业共营制中，土地股份合作社的成立有效约束了村民行为，确保了土地资源的稳定供应，解决了农业经营中的土地资源约束；而职业经理人市场的建立筛选出农村中懂市场、会管理的农业经营人才担任土地股份合作社的管理者，解决了合作社经营中的企业家才能短缺问题。

作为独立的市场主体，土地股份合作社在经营中还需要解决农业生产资料供应和产品销售问题。而市场渠道是农民相对缺乏的要素，成为土地股份合作社发展中的主要瓶颈。崇州市政府意识到这个问题，并通过政府的力量逐步将农资供应商、农业龙头企业等主体纳入农业共营制的利益相关者体系中，使农民的市场性社会网络得到充分拓展，从而突破了土地股份合作社发展中的瓶颈，提高了农业经营效率。

11.6 结论与启示

本章我们重点剖析了崇州市农业共营制中利益相关者筛选与激励机制，并从社会资本视角分析了政府在农业共营制行程中的作用。本章主要研究结论为：

（1）崇州市通过土地股份合作社顺利筛选出愿意转让土地经营权的农户，通过农业职业经理人培训、评级和市场竞争机制成功筛选出不同能力的农业职业经理人，通过组建农业中介服务公司有效筛选出合格的社会化经营服务主体。筛选出优质的利益相关者后，又利用多种激励机制有效调动了各类利益相关者的积极性：以"保底租金＋二次分红"为主的分成制合约激励农户，以"保底佣金＋二次分红"为主的分成制合约以及与职业经理人分级伴随的政策优惠激励农业职业经理人，以按股分红的分成制合约激励农业产业化企业，以价格三方谈判机制激励农业经营性社会化服务主体，从而实现了农业资源的高效配置。

（2）农业共营制成功的根本原因在于政府通过对农民社会性关系网络的重塑和利用，成立了土地股份合作社进行规模化经营；成立农业职业经理人市场筛选出农村中懂市场、会管理的农业经营人才担任土地股份合作社的管理者。在政府主导下通过建立农业中介服务公司、推动土地股份合作社与农业产业化龙头企业合作等方式帮助农民拓展市场性网络，构建了有利于解决农业经营中的土地资源、生产资料供应、产品销售等关键问题的利益相关者体系。

农业共营制发展中也存在一些影响利益相关者积极性的潜在问题，例如，在土地股份合作社中，合作社成员代表、理事会与农业职业经理人共同决定作物品种。这种决策机制限制了作为农业经营者的职业经理人的决策权，可能抑制其经营积极性。这也许是所谓"民主的代价"。又如，追求利润最大化是企业的核心目标，理性的、能够有更多选择机会的农业产业化企业一般不愿意让渡太多的盈余给土地股份合作社。这或许是推出"土地股份合作社 + 农业产业化企业"试点两年后仍然只有 5 个试点，难以推广的内在原因。这些问题尚需进一步研究解决。

全面实施"乡村振兴战略"，必须进一步推进农业产业化，积极打造现代农业产业化联合体、农业产业化集群，推动农村一、二、三产业融合发展。在此背景下，农业经营主体与农业社会化服务主体、农业产业化企业之间如何建立高效的合作机制，农业规模经营主体与土地转出户如何形成紧密的利益联结机制，农业如何在稳定承包制的基础上通过"服务的规模化"实现农业规模经营。这些问题的本质均可以概括为怎样建立科学合理的机制使农业生产链各个环节的利益相关者积极地提供农业发展所需要素。不言而喻，利益相关者的筛选机制和激励机制需要学界进一步深入探讨。

| 第 5 篇 |

农民涉农创业促进政策研究

第 12 章
农民涉农创业政策供需分析

12.1 农民涉农创业需求分析

12.1.1 当前农民涉农创业中的主要困难

1. 大部分农民认为发现创业机会比较困难

发现创业机会是农民开展涉农创业的前提。在 728 个未创业者农民样本中，有 247 个样本有创业意愿，占未创业者样本总数的 1/3。可见，农民群体的创业意愿整体较高。但在 247 个有创业意愿的样本中，63.15% 的样本认为发现创业机会相对困难，只有 11.33% 的样本认为发现创业机会相对容易（见图 12-1）。这说明相当部分农民有创业意愿而却未开展创业的愿意是在发现创业机会上存在困难。

图 12-1 还反映了农民涉农创业者发现创业机会的难易程度。745 个农民涉农创业者中认为发现创业相对困难的样本只占 50.33%，有 16.51% 的创业者认为发现创业机会相对容易。虽然有一半以上的农民涉农创业者在发现

创业机会上存在困难。但农民涉农创业者发现创业机会的能力显著高于未创业农民，表明发现创业机会能力的差异可能是影响农民是否开展创业的重要原因。

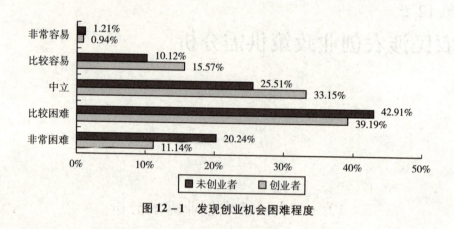

图 12 – 1　发现创业机会困难程度

2. 农民涉农创业者培训参与率较低，创业培训有待规范

农民作为创业者的劣势不仅在于资金的短缺，更在于他们创业相关知识和能力的匮乏。对农民进行创业培训是提升农民创业所需的技术和管理水平，改善其创业绩效的重要途径。在 745 个创业者样本中，参加过培训的创业者有 185 个，仅占样本总数的 24.83%。其中，参加过生产技术类培训 127 人，占比 68.65%；参加过市场营销类培训 72 人，占比 38.92%；参加过经营管理类培训 81 人，占比 43.78%；参加过财务类培训 24 人，占比 12.97%（见第 6 章表 6 – 3）。可见，尽管创业培训对农民创业非常重要，但是当前农民涉农创业者培训参与率较低。此外，当前创业培训规范性还较差。在创业培训环节不同程度地存在着培训内容单一、和实际创业环境相距较远以及少数培训机构在培训师资上不达标走过场的情况。

3. 资金、客户资源、销售渠道及技术是农民涉农创业者最需要的创业资源

为了反映农民涉农创业中各类资源的稀缺程度，我们在问卷中对农民涉

农创业者最需要的创业资源做了提问，统计结果见表 12 – 1。综合使用加权频数法①和系统聚类法对各类创业资源按稀缺程度进行排序。利用加权频数法得出农民涉农创业者需要的创业资源优先序为：资金 > 客户资源（业务）> 销售渠道 > 技术 > 厂房、设备 > 政府提供的政策和支持 > 生产、管理和销售经验 > 信息资源 > 有经验的员工 > 情感支持。聚类分析结果显示农民涉农创业者创业资源可以明显分为六类（见图 12 – 2），结合加权频数法的结果，可以将农民需要的创业资源按照需求的迫切程度分为六层：第一层级为资金；第二层级为客户资源；第三层级为销售渠道；第四层包括技术；厂房、设备；第五层级包括政府提供的政策和支持，生产、管理和销售经验，信息资源；第六层级包括有经验的员工和情感支持。

表 12 – 1 农民涉农创业者的资源需求情况

序号	资源类别	第一位	第二位	第三位	第四位
1	资金	602	38	27	15
2	客户资源（业务）	38	256	54	40
3	有经验的员工	4	39	42	21
4	厂房、设备	17	88	98	29
5	技术	22	117	98	35
6	销售渠道	24	88	137	104
7	生产、管理和销售经验	7	29	79	72
8	情感支持	5	17	19	30
9	各种信息	10	28	55	96
10	政府提供的政策和支持	16	33	65	125

---

① 借鉴李克特量表综合考虑各选项，对不同选项依次打分，排序第一位记为 4 分，第二位为 3 分，依次类推。并根据总分来判断优先序，总分越大越优先。这种方法被称为加权频数法（崔登峰等，2012）。

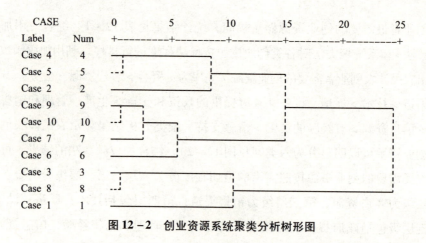

图 12 - 2　创业资源系统聚类分析树形图

4. 当前我国农村创业环境较差，融资环境、信息环境和农地流转环境对农民涉农创业的约束性较强

图 12 - 3 反映了农民涉农创业者对当前我国农村创业环境的整体认识，31.95% 的样本认为当前农村创业环境较差，20.67% 的样本认为当前农村创业环境较好，其余 47.38% 的样本认为农村创业环境一般。总体来看，当前我国农民创业环境较差。

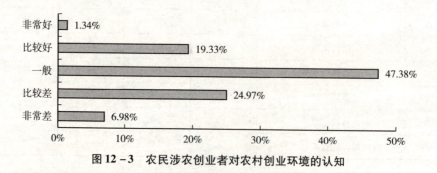

图 12 - 3　农民涉农创业者对农村创业环境的认知

为了反映农民涉农创业中主要的环境约束，我们在问卷中从宽松型维度对农民涉农创业者的创业环境做了提问，统计结果见表 12 - 2。综合使用聚类分析法和加权频数法对各类环境因素按约束大小排序。利用加权频数法得出农民

创业环境按约束性由大到小排序依次为：融资环境 > 信息环境 > 农业用地环境 > 人才环境 > 建设用地环境 > 技术环境 > 营销环境。聚类分析结果显示农民创业者创业资源可以明显分为五类，结合加权频数法的结果，可以将农民需要的创业资源按照需求的迫切程度分为五层：第一层级为融资环境；第二层级为信息环境和农业用地环境；第三层级为人才环境和建设用地环境；第四层级为技术环境；第五层级为营销环境。总体而言，融资环境、信息环境和农业用地环境对农民创业的约束性较强。以融资环境为例，745 个创业者样本中，申请过正规金融机构贷款的有 256 个，占 34.36%，未申请过贷款的有 489 个，占 65.64%。但未申请过贷款的样本中有 14.11% 的样本是因为不相信贷款能办下来而没有去申请。在申请过贷款的 256 个样本中，足额批准的仅占 37.11%。这反映了当前我国农村正规金融供给不足，农民涉农创业融资环境较差。

表 12 - 2　　　　　　　　　农民涉农创业的外部环境

序号	环境类别	非常困难	比较困难	一般	比较容易	非常容易
1	融资环境	159	291	241	51	3
2	农业用地环境	110	235	272	118	10
3	建设用地环境	100	235	257	140	13
4	技术环境	64	250	284	138	9
5	人才环境	98	244	249	147	7
6	信息环境	92	271	263	105	14
7	营销环境	66	190	265	185	39

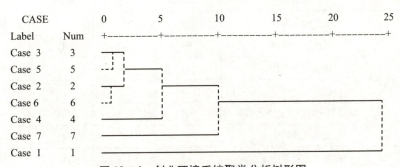

图 12 - 4　创业环境系统聚类分析树形图

12.1.2　当前农民涉农创业者对政策需求的优先序分析

为了反映农民涉农创业者的政策需求，问卷中对创业者当前最需要的政策做了提问，统计结果见表 12 - 3。综合使用聚类分析法和加权频数法排列农民涉农创业者政策需求优先序。利用加权频数法得出农民涉农创业者需要的政策优先为：提供税收减免 > 提供信贷扶持 > 提供用水用电优惠 > 提供信息咨询 > 提供创业技能培训 > 提供用地优惠 > 简化登记手续 > 提供创业项目 > 提供人才保障措施 > 设立创业园区。聚类分析结果显示农民涉农创业者创业资源可以明显分为五类，结合加权频数法的结果，可以将农民需要的创业资源按照需求的迫切程度分为五层：第一层级包括提供税收减免、提供信贷扶持。第二层级包括提供用水用电优惠、提供创业知识和技能培训、提供用地优惠、简化登记手续。第三层级为提供信息咨询。第四层级包括提供创业项目、提供人才保障措施。第五层级为设立创业园区。总体来看，农民最需要的首先是税费减免、融资支持、水电优惠、创业培训、用地支持方面的政策；最不需要的是提供创业项目、提供人才保障措施、设立创业园区等方面的政策。因此，从需求角度来看，农民涉农创业促进政策应该首先在税费减免、融资支持、水电优惠、用地支持以及创业培训等方面着力。

表 12 - 3　　　　　　　　　　　　对创业政策的需求

序号	政策类别	非常需要	需要	说不清	不需要
1	提供创业项目	264	338	75	68
2	提供用地支持	296	342	43	64
3	提供信贷扶持	344	310	45	46
4	提供信息咨询	295	375	39	36
5	提供创业知识或技能培训	304	341	54	46
6	提供税收减免	375	287	42	41
7	提供人才保障措施	242	318	114	71

续表

序号	政策类别	非常需要	需要	说不清	不需要
8	提供用水用电优惠	324	332	46	43
9	设立创业园区	191	222	173	159
10	简化登记手续	299	321	63	62

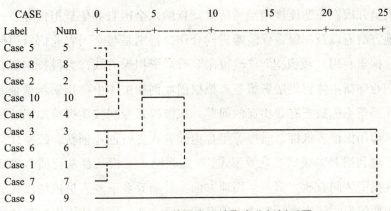

图 12－5　创业政策需求系统聚类分析树形图

12.2　农民涉农创业政策供给分析

通过梳理 2015 年以来涉及农民创业的主要国家级文件（见附录 2），可以发现，当前国家促进农民创业的政策已经全面覆盖创业过程的各个环节。

（1）创业准入环节。相关政策多次要求县级政府降低创业准入门槛，简化注册手续，为返乡下乡人员创业创新设立"绿色通道"。

（2）创业者人力资本培育方面。相关政策提出将返乡农民工等人员中有意愿开展创业活动和处于创业初期的人员全部纳入创业培训服务范围，针对其不同创业阶段的特点等，开展内容丰富、方式灵活、实用有效的创业培训。在培训形式上，鼓励探索线上学习与线下培训、自主学习与教师传授相结合的方式，开辟培训新渠道。

（3）在创业资源获取环节。相关政策多次提出要对创业企业实行财政、金融、用地、用电等多方面的优惠政策。第一，财政方面：通过定向减税和普遍性降费政策，降低创业成本和企业负担；以奖代补、先建后补、财政贴息、设立产业投资基金等方式加大财政扶持力度。第二，金融方面：主要是创新金融服务机制，提高农民创业者信贷可得性。例如，推动发展集体林权抵押贷款、大型农机具抵押贷款、"信贷＋保险"产品等金融产品；把返乡下乡人员开展农业适度规模经营所需贷款纳入全国农业信贷担保体系；农发行与地方政府以及担保、保险等机构合作，特别是与全国农业信贷担保体系合作，探索利用"政银担""政银保"等融资担保方式，为科技创新企业及其他创业创新主体提供融资服务；根据创业创新主体中科技创新型企业和新型农业经营主体缺乏有效担保的问题，积极探索专利权质押等知识产权融资模式，运用保证、抵押、质押等组合担保方式支持创业创新；鼓励社会资本依法合规利用 PPP 模式、众筹模式、"互联网＋"模式、发行债券等新型融资模式投资休闲农业。第三，用地方面：鼓励返乡下乡人员依法以入股、合作、租赁等形式使用农村集体土地发展农业产业，依法使用农村集体建设用地开展创业创新；安排一定比例年度土地利用计划，专项支持农村新产业新业态和产业融合发展。

（4）在创业技术支持方面。相关政策主要强调了信息技术在农民创业中的运用。例如，通过财政补贴、政府购买服务、落实税收优惠等政策，支持返乡下乡人员利用大数据、物联网、云计算、移动互联网等新一代信息技术开展创业创新。让信息公开化透明化，给创业者提供更多的生产信息、经营信息、管理信息和服务信息。

（5）在创业环境建设方面。相关政策多次强调农民创业创新平台、农民工返乡创业园的建立和完善，通过这些类似创业孵化器的载体为农民创业者提供更完善的基础设施建设和更全面便捷的服务。相关政策还提出返乡下乡创业人员可以在创业地享受社会保险、公积金缴存等公共服务。

为了解政策的实施效果，我们对 745 个农民创业者样本获得政府支持的情况做了提问。结果显示获得过政府支持的创业者共计 265 人，占样本总数的 35.57%。各类政策的覆盖率由大到小依次为：贷款扶持 > 财政补贴 > 农地流转支持 > 创业培训 > 税收减免 > 提供创业项目 > 建设用地支持 > 信息支持 > 水电优惠（见表 12 - 4）。总体来看，已有政策在农民创业者最需要的税费减免、融资支持、创业培训、用地支持方面都提出了相应的解决对策，而且在政策实施中也能切中农民政策需求的重点，对农民创业中资金不足的问题给予了足够的重视。我国农民创业政策的关键问题是政策覆盖率较低，各项政策的都还有待进一步推广，政策落实的方式和机制还有待进一步完善。

表 12 - 4　　　　　　　　农民涉农创业者获得政策支持情况

政策分类	信贷扶持	财政补贴	农地流转支持	创业培训	税收减免	提供创业项目	建设用地支持	信息支持	水电优惠
频数	91	78	76	67	64	60	41	36	29
比例（%）	34.34	29.43	28.68	25.28	24.15	22.64	15.47	13.58	10.94

注：由于有的样本同时得到过两种或两种以上的政策支持，因此得到过各类政策支持的样本占样本总数的比例之和不为 1。

第 13 章
主要结论与政策建议

13.1　主要研究结论

　　本书立足当前我国农民涉农创业实际，在借鉴国内外研究的基础上，构建了以社会资本为核心的农民创业理论框架。并在此基础上综合利用经济学、管理学和社会学的理论和方法识别了当前我国农民涉农创业者的人力资本短板；比较了创业环境约束下不同类型的社会资本对农民涉农创业绩效的影响；探讨了社会资本如何通过影响农民创业资源获取和创业组织内部治理机制进而影响农民涉农创业绩效，并分析了政府在农民创业者社会资本重塑和拓展中的作用。此外，本书还基于农民涉农创业抽样调查数据，归纳了当前农民涉农创业机会，总结了当前农民涉农创业的总体特征和农民涉农创业者特征，分析了当前农民涉农创业者的政策需求和政策供给。本书主要结论如下：

　　（1）农民涉农创业机会可以分为四类：一是农业规模化经营；二是农业社会化服务；三是农村产业融合发展；四是"互联网＋农业"。在农业规模化经营中，农民专业合作社、家庭农场及合作农场将是主要模式。与农业规模化经营相适应，农机服务、劳务服务、农资服务、物流服务等农业社会化服务也将成为农民涉农创业的重要方向。农村产业融合发展的实现主要以农产品加工企业以及休闲农业、乡村旅游等行业为引导力量。"互联网 + 农业"的主要模式有农产品电子商务、农业生产资料网上服务、农产品追溯体系建设和智能化农业。

（2）我国的农民涉农创业还处于起步阶段，创业产业结构有待升级、创业组织有待规范。在政策的激励下，涉农创业行业多种多样，但仍以门槛较低的种养殖业为主。不同行业的农民创业者在创业绩效上存在显著差异。传统手工艺行业的创业者绩效水平最高，其次是农产品加工、休闲农业和农产品贩销，而农业生产资料经销、规模种养殖业、农业服务业和乡村旅游业等行业的创业绩效水平较低。农民涉农创业组织形式以规范化程度较低的专业大户、个体户为主，创业组织有待进一步规范。

（3）农民涉农创业者表现出诸多有别于未创业农民的特征。与未创业农民相比，农民涉农创业者的风险偏好程度和对信息的敏感程度整体高于未创业农民；创业者家庭在劳动力、土地、资金等方面均优于未创业农民家庭；农民涉农创业者的受正规教育程度高于未创业农民；农民涉农创业者的社会资本比未创业农民更丰富。这些特征可能是有助于农民开展涉农创业的因素。

（4）生产技术类培训和市场营销类培训是当前显著影响农民涉农创业绩效的两类培训；正规教育水平差异对创业培训效果没有显著影响，不同文化程度的农民涉农创业者都可以通过参加创业培训提升其创业相关人力资本，从而提升创业绩效；先前创业经历能够使农民创业者更有针对性地选择培训内容、更积极地掌握创业知识并将培训所学更有效地运用于创业实践，从而提高其涉农创业绩效。

（5）农民涉农创业者的同质性社会资本和异质性社会资本均能够提高创业资源的可得性，进而提高农民涉农创业绩效；由于提供创业资源的能力以及激励监督的强度不同，异质性社会资本比同质性社会资本对农民涉农创业绩效影响更大；社会资本对农民涉农创业作用显著，很可能是在创业环境较差的条件下，农民不得不多方寻求社会资本的结果。创业环境越差，农民创业者就越有必要和动力积极利用他们的社会资本，通过社会资本来突破创业环境中的资源约束和市场约束，从而提高其创业绩效。

（6）与民间融资相比，正规金融机构融资更有助于提高农民涉农创业绩效。农民涉农创业者的异质性社会资本有助于克服正规金融机构与农民创业者之间的信息不对称从而促进农民创业者从正规金融机构获得贷款；同质性社会资本能促进农民涉农创业者的亲友借贷。

（7）工商资本对农民往往缺乏信任，不愿意与农民建立紧密的合作机制，这是制约工商资本在盘活迁出村资源中发挥作用的主要因素；大户领办型农民专业合作社容易基于地缘、业缘形成紧密的利益联结和有效的治理机制，盘活迁出村资源绩效较好，但由于对社员退社往往缺乏限制，容易在面临经营困境的时候由于社员退社而面临分裂甚至失败；村集体经济组织型的农民合作社中，农民往往能够在信任和权威的双重作用下形成规范的治理机制，而且村民的身份使农民很难退出村集体经济组织，从而使合作社在经营困境中不至于因为社员退社而面临分裂，具有较强的稳定性，更能在盘活迁出村资源中发挥重大作用。

（8）农业共营制成功的根本原因在于政府通过对农民社会性关系网络的重塑和利用，成立了土地股份合作社进行规模化经营；并在政府主导下通过建立农业职业经理人市场、农业中介服务公司、推动土地股份合作社与农业产业化龙头企业合作等方式帮助农民拓展市场性网络，构建了有利于解决农业经营中的土地资源、企业家才能、生产资料供应、产品销售等关键问题的利益相关者体系。

（9）当前农民涉农创业中的主要困难包括发现创业机会、培训覆盖率低、资金土地等资源获取、客户资源和销售渠道以及信息获取；农民涉农创业者政策需求优先序为：提供税收减免＞提供信贷扶持＞提供用水用电优惠＞提供信息咨询＞提供创业技能培训＞提供用地优惠＞简化登记手续＞提供创业项目＞提供人才保障措施＞设立创业园区。虽然当前从国家层面已经制定了很多促进农民创业的政策，而且政府在实施政策的过程中确实切中了农民创业者最为迫切的资金问题。但总体上看，当前创业政策的实施还有待深化，政策落实的方式和机制还有待进一步完善。特别是在农民关注程度较高的融资支持、创业培训、用地支持、市场环境等方面的政策。

13.2 农民涉农创业促进政策

根据以上研究结论，当前农民涉农创业中的核心问题可以归结为两对矛盾：一是农民创业者的创业相关人力资本较低与创业培训供给不足之间的矛盾；二是农民创业者资金、土地等要素短缺、市场渠道不畅与农村创业环境较差之间的矛盾。对此，我们提出以下促进农民涉农创业优化发展的政策建议：

（1）进一步加大农民创业培训支持力度，以弥补农民创业者人力资本的短板。培训内容上，一要重视生产环节的技术培训和指导，确保农民创业者掌握相关生产技术，使其不致因产品质量不合格、投入产出不合理等问题造成亏损；二要加强市场经济规律、客户及渠道管理以及互联网和电子商务等方面的培训，增强农民创业者的营销能力，避免产品卖难问题。培训方式上，既要增加投入支持相关部门开展农业培训，也要鼓励营利性创业培训机构的发展，以促进农民创业培训的普及化。

（2）进一步促进农村金融体系创新，以缓解农民创业中的资金约束。短期内继续保持民间融资市场的活力，同时要规范民间融资市场的秩序。通过宣传手段使农村形成抵制高利贷等恶性现象的风气，避免农民创业者因对创业前景过于乐观而误借高利贷导致亏损。长期内应以引导和支持正规金融机构提高为农民创业者服务的能力作为政策重点。例如，支持正规金融机构利用大数据技术加强农户征信体系建设，提高农户信用分析效率，缓解由于信息不对称造成的信贷配给；利用互联网技术简化贷款办理手续，提高放贷效率，降低借贷双方的交易成本；充分利用村民内部的信息资源和信任关系，采取多种方式扩大针对农民创业者的小额信贷业务。

（3）进一步探索完善农村土地权利结构，以满足农民涉农创业用地需求。农民涉农创业中，相当部分农民选择规模种养殖业作为创业行业，其中涉及农业用地经营权的集中及权利分配。土地所有权、承包权、经营权"三权分置"将是当前及今后农地制度的一条主线。但在三权分置的实施过程中，存在一些现实问题。例如，农地大规模流转的潜在强迫性与保护承包者权益问题、在农地经营者亏损的情况下如何确保承包者的稳定收益、农地经营权抵押的实现问题。这些问题都有待更深入的研究和解决。

（4）重塑农民的社会性关系网络，以优化农民涉农创业治理机制。针对农民涉农创业经营规模较小、抵御风险能力较差的问题。政府可以利用农村中的社会性关系网络，促进农民开展合作创业或促进农民涉农创业者之间的联合。例如，推动村民以土地入股的方式成立土地股份合作社进行农地规模化经营；引导经营统一品种的农户成立专业合作社统一生产标准，逐步发展加工业，创立品牌；以县乡为单位成立农民涉农创业者协会，使协会成为农民涉农创业者之间交流生产技术和市场信息，建立资金融通、产品供求关系，调节相互矛盾的平台，实现本地农民涉农创业者之间避免恶性竞争、交流学习、合作共赢的目的。

（5）拓展农民的市场关系网络，以优化农民涉农创业市场环境，拓宽产品销售渠道。农民涉农创业经营规模通常较小，在生产资料购买和产品销售环节往往受到垄断力量价格控制的影响，使其盈利空间受到挤压。因此，地方政府可以探索组建农业中介服务公司，为农民涉农创业者与生产资料供应商搭建中间桥梁；也可以推动农民合作社与农业龙头企业、超市等建立紧密型联系，解决产品卖难问题。

（6）尊重区域差异，循序渐进、因地制宜地促进农民涉农创业。我国幅员辽阔，地区间差异很大。在推动农民涉农创业的过程中，不仅在中央层面要高度重视并有统一规划，更要尊重区域之间在经济发展水平、市场发育程度、农业资源条件、创业者人力资本等方面的差异，循序渐进、因地制宜地促进农民涉农创业，否则不仅会造成社会资源的浪费，而且也不利于政策目标的实现。

13.3　农民创业研究展望

本书主要存在以下四方面的局限性：

（1）没有关注创业失败的微观样本。本书主要以已经创业且存活下来的农民涉农创业者为研究对象，重点识别了促进其创业绩效提升的关键因素。但没有反过来，围绕创业失败者样本，识别导致农民创业失败的关键因素。如果能将两种研究结合起来，通过比照研究结论，得出更可靠的研究结论。

（2）没有关注农民创业者识别和利用创业机会的过程。本书没有围绕某个农民创业者，对其创业过程进行细致的动态研究。特别是没有涉及农民创业者在创业价值机会难以确定的情况下如何衡量创业机会的价值进而作出创业决策，如何通过选择不同的组织形式或与其他组织结盟更好地获取关键资源和规避风险，农民创业者如何应对外界竞争，农民创业者的企业家精神如何影响创业过程等问题。

（3）没有涉及农民创业的风险管理问题。承担和管理风险是创业的本质特征之一，但本书没有涉及创业风险管理问题。农业本身面临较大的自然风险和市场风险，而农民的财富积累和人力资本积累又相对不足，风险承受能力较弱。如何处理较高的创业风险和较低的风险承受能力之间的矛盾是每个农民涉农创业者面临的突出问题。有必要开展专门研究对农民创业中的风险应对、风险识别和风险控制等问题进行深入探讨。

（4）没有对不同地区农民创业者的创业过程进行比较分析。我国不同地区经济、社会、文化条件差异很大。地域差异必然对农民创业产生深刻影响。本书中虽然考虑到农民创业的地域差异，对相关变量做了分区域描述统计并在计量研究中设置了区域控制变量，但没有选择不同区域的微观样本进行比较分析，以得出关于农民创业区域差异更详细的结论。

造成以上四方面局限性的原因主要是笔者研究时间以及人力、财力的限制。后期研究可以围绕农民创业者如何评价潜在的创业机会、如何应对市场竞争、如何通过组织形式创新和利用外部关系获取关键资源和规避风险、如何应对和管理风险等方面展开。农民创业研究中还应该更注重对创业失败者的分析、对微观层次创业过程的动态分析以及对不同地区创业过程的比较分析。

附录 1

农民涉农创业调查问卷

请告诉受访者："感谢您接受我们的调查。我们保证调查所得数据仅做学习研究之用，不会泄露您的个人信息。"调查结束时，请再次致谢。

问卷编号：_____受访者姓名：_____受访者电话：_____

调查地点：_____省_____市（县）_____乡（镇）_____村

调查员：_____调查员电话：_____调查日期：2016 年___月___日

填写说明：

1. 访谈对象应符合以下条件，缺一不可：第一，具有农业户口或在长期在农村居住（1 年以上）；第二，年龄在 18～65 周岁之间；第三，当前的创业活动开始于 2008 年之后；第四，经营活动主要在涉农领域。

涉农服务业或制造业的分类见 A1 题项（例如，农民开设农资、农产品销售店铺，或者是农资、农产品经纪人都属于创业者；农业服务业创业者包括：提供农业机械服务、农业技术服务、其他农业服务的创业者）。主要的涉农创业活动包括：

	创业活动	调研对象
农业领域创业活动	种植业、林业、畜牧业、渔业的专业大户、家庭农场	决策人（农场主）
	创办农民合作社	社长（创办者）
	创办农家乐或从事休闲农业	创办者
	创办乡村旅游企业或组织	创办者
	创办民族传统工艺品生产企业或组织	创办者（含个体户）
	在涉农服务业或制造业内开办店铺、工厂或企业	董事长（创办者）

2. 在回答问卷的问题时，如果有备选项，请在符合受访者情况的选项上打"√"；如果没有备选项，请根据受访者实际情况按问题要求填写。

A. 创业初始情况

编号	题项	选项
A1	您的创业活动属于涉农领域的哪个行业	1 = 规模种养殖业；2 = 农产品加工；3 = 农业生产资料经销；4 = 农产品销售；5 = 休闲农业（农家乐）；6 = 乡村旅游；7 = 农业服务业；8 = 传统手工艺；9 = 其他
A2	您创业项目的经营内容有哪些	填写主要经营内容：
A3	该项目从哪一年开始的	_____年
A4	目前的创业地点在哪	1 = 本村；2 = 本乡外村；3 = 本县外乡；4 = 本市外县；5 = 本省外市；6 = 外省
A5	目前创业的组织形式	1 = 专业大户；2 = 家庭农场；3 = 合作社；4 = 独资企业；5 = 合伙企业；6 = 股份合作企业；7 = 其他
A6	创业之初的办公经营场地或厂房的来源是	0 = 无办公场地或厂房；1 = 自家住房；2 = 借用；3 = 租用；4 = 购买；5 = 其他
A7	创业最初投入了多少资金	_____元

续表

编号	题项	选项				
		来源	金额（元）	来源	金额（元）	
A8	创业资金的来源及金额	1 = 家庭自有资金		2 = 向亲戚朋友借		
		3 = 正规金融融资		4 = 其他民间融资		
		5 = 政府补助		6 = 其他		
A9	创业后多长时间首次盈利	＿＿＿个月				
A10	创业第一年的净利润有多少	＿＿＿元				

B. 创业者个人和家庭基本情况

编号	题项		选项
B1		性别	1 = 男；0 = 女
B2		年龄	＿＿＿岁
B3		婚否	1 = 是；0 = 否
B4		文化程度	1 = 小学及以下；2 = 初中；3 = 高中或中专；4 = 大专及以上
B5		所在地区	＿＿＿省；＿＿＿县
B6		是否党员	1 = 是；0 = 否
B7		是否村（居）民代表	1 = 是；0 = 否
B8	创业者个人	是否加入合作社	1 = 是；0 = 否
B9		当前担任哪一级地方干部	0 = 无；1 = 村；2 = 乡镇；3 = 县；4 = 市级及以上
B10		创业前担任哪一级地方干部	0 = 无；1 = 村；2 = 乡镇；3 = 县；4 = 市级及以上
B11		当前担任哪一级人大代表或政协委员	0 = 无；1 = 乡镇；2 = 县；3 = 地级市及以上
B12		创业前担任哪一级人大代表或政协委员	0 = 无；1 = 乡镇；2 = 县；3 = 地级市及以上
B13		干部或人大代表等身份是何时获得的	0 = 创业前；1 = 创业后

续表

编号	题项		选项
B14	创业者个人	您对待风险的态度	1 = 喜欢冒险；2 = 中立；3 = 偏向保守
B15		您在创业前一年的个人收入是多少	_____元
B16		若您不创业，创业那一年的预期个人收入是多少	_____元，与创业第一年的净利润相比：1 = 高于创业利润；2 = 差不多；3 = 低于创业利润
B17	创业者家庭	家庭总人口	_____人
B18		劳动力数量	_____人
B19		其中，外出劳动力	_____人
B20		创业前家庭拥有的土地数量（含耕地、林地、水面、草场等）	承包地_____亩；流转入_____亩
B21		配偶年龄（若未婚，转至 B25）	_____岁
B22		配偶文化程度	1 = 小学及以下；2 = 初中；3 = 高中或中专；4 = 大专及以上
B23		配偶是否与您创业	1 = 是；0 = 否
B24		子女数量	_____人
B25		创业时您父母亲的年龄	父亲_____岁，母亲_____岁
B26		您父亲的文化程度	1 = 小学及以下；2 = 初中；3 = 高中或中专；4 = 大专及以上
B27		您母亲的文化程度	1 = 小学及以下；2 = 初中；3 = 高中或中专；4 = 大专及以上
B28		您父亲主要从事的职业	1 = 农业；2 = 以农为主兼业；3 = 非农为主兼业；4 = 非农产业
B29		您母亲主要从事的职业	1 = 农业；2 = 以农为主兼业；3 = 非农为主兼业；4 = 非农产业
B30		您父亲是否有过创业经历	0 = 无；1 = 曾在涉农领域创业；2 = 曾在非农领域创业
B31		您母亲是否有过创业经历	0 = 无；1 = 曾在涉农领域创业；2 = 曾在非农领域创业

续表

编号	题项		选项
B32	创业者家庭	您在创业前一年的家庭收入是多少	_____元
B33		创业前一年，您家农业收入占总收入的比重大约是多少	_____%
B34		创业前一年，您家生活水平在当地处于什么水平	1 = 大大高于平均水平；2 = 高于平均水平；3 = 平均水平；4 = 低于平均水平；5 = 大大低于平均水平
B35		若您不创业，您在创业那一年的预期家庭收入大约是多少	_____元

C. 先前经验

编号	题项	选项
C1	您在本次涉农领域创业前的身份	1 = 学生；2 = 在家务农；3 = 本地打工；4 = 外出打工；5 = 自己创业；6 = 待业；7 = 其他
C2	您创业前从事过多少种工作	1 = 1种；2 = 2种；3 = 3种；4 = 4种；5 = 5种及以上
C3	您创业前从事过哪些行业（可多选）	1 = 传统种养殖业；2 = 农产品加工；3 = 农资经销；4 = 农产品营销；5 = 机械加工；6 = 纺织服装；7 = 电子玩具；8 = 家具制造；9 = 建筑业；10 = 运输业；11 = 餐饮服务；12 = 其他
C4	您创业前是否外出务工	1 = 是；0 = 否（若没有，转至C7）
C5	您外出务工的主要收获是什么（可多选）	1 = 积累了资金；2 = 掌握了技术；3 = 积累了经验；4 = 扩大了社会交往；5 = 增长见识；6 = 其他
C6	外出务工对您创业的帮助主要有哪些（可多选）	1 = 管理经验；2 = 资金积累；3 = 市场头脑；4 = 务工交往的关系；5 = 学到的技术知识；6 = 学到的信息获取渠道；7 = 其他
C7	您有多少年工作经历	涉农工作_____年；非农工作_____年
C8	在过去工作中，您是否担任过管理类职务	1 = 是；0 = 否

编号	题项	选项
C9	在过去工作中，您是否担任过营销类职务	1 = 是；0 = 否
C10	在过去工作中，您是否担任过技术类职务	1 = 是；0 = 否
C11	在过去工作中，您是否担任过生产类工作	1 = 是；0 = 否
C12	本次创业前，您是否参加过培训	1 = 是；0 = 否（若没有，转至 C15）
C13	如有，培训的内容包括（可多选）	1 = 生产技术类；2 = 市场营销类；3 = 经营管理类；4 = 财务类；5 = 其他
C14	培训时间合计大概有多久	_____天
C15	本次创业前，您是否拥有创业相关的技能	1 = 是；0 = 否
C16	本次创业前，您是否拥有创业相关的产品知识	1 = 是；0 = 否
C17	本次创业前，您是否拥有创业相关的市场知识	1 = 是；0 = 否
C18	本次创业前，您是否拥有创业相关的客户知识	1 = 是；0 = 否
C19	您以前是否创业过	1 = 是；0 = 否（若没有，转至 D1）
C20	若有，除了目前这一次，共有过几次创业经历	_____次
C21	全部创业经历前后合计大概有多少年	_____年
C22	其中，涉农方面的创业经历有几次，前后共几年	_____次，_____年
C23	不算此次创业，您共有多少次创业成功的经历	_____次

D. 社会资本

编号	题项		选项
D1	您和他的关系（请您回想起对您做出创业决定帮助最大的 3 位亲朋好友）	第①位	1 = 父母子女、夫妻；2 = 兄弟姐妹；3 = 亲戚；4 = 好朋友；5 = 普通朋友；6 = 认识的人
		第②位	1 = 父母子女、夫妻；2 = 兄弟姐妹；3 = 亲戚；4 = 好朋友；5 = 普通朋友；7 = 认识的人
		第③位	1 = 父母子女、夫妻；2 = 兄弟姐妹；3 = 亲戚；4 = 好朋友；5 = 普通朋友；8 = 认识的人
D2	他的性别（排名顺序同 D1）	第①位	1 = 男；2 = 女
		第②位	1 = 男；3 = 女
		第③位	1 = 男；4 = 女
D3	他的文化程度（排名顺序同 D1）	第①位	1 = 小学及以下；2 = 初中；3 = 高中或中专；4 = 大专及以上
		第②位	1 = 小学及以下；2 = 初中；3 = 高中或中专；5 = 大专及以上
		第③位	1 = 小学及以下；2 = 初中；3 = 高中或中专；6 = 大专及以上
D4	他有过哪些经历（排名顺序同 D1，可多选）	第①位	1 = 无特殊经历；2 = 村干部；3 = 机关或事业单位工作；4 = 银行或信用社工作；5 = 企业管理或技术人员；6 = 自己创业；7 = 其他
		第②位	1 = 无特殊经历；2 = 村干部；3 = 机关或事业单位工作；4 = 银行或信用社工作；5 = 企业管理或技术人员；6 = 自己创业；8 = 其他
		第③位	1 = 无特殊经历；2 = 村干部；3 = 机关或事业单位工作；4 = 银行或信用社工作；5 = 企业管理或技术人员；6 = 自己创业；9 = 其他
D5	您和他的亲密程度如何（排名顺序同 D1）	第①位	1 = 很疏远；2 = 疏远；3 = 一般；4 = 亲密；5 = 很亲密
		第②位	1 = 很疏远；2 = 疏远；3 = 一般；4 = 亲密；6 = 很亲密
		第③位	1 = 很疏远；2 = 疏远；3 = 一般；4 = 亲密；7 = 很亲密

续表

编号	题项	选项
D6	春节期间，您联系密切的亲戚总共有多少人（在相应数量后的"□"内打"√"）	5 人及以下□　6~10 人□　11~20 人□　21~30 人□　30 人以上□
D7	春节期间，您联系的亲密朋友总共有多少人（在相应数量后的"□"内打"√"）	5 人及以下□　6~10 人□　11~20 人□　21~30 人□　30 人以上□
D8	任村干部的亲朋好友数量	＿＿＿人
D9	在政府机关或事业单位工作的亲朋好友数量	＿＿＿人
D10	在企业担任管理或技术类职务的亲朋好友数量	＿＿＿人
D11	在银行、信用社工作的亲朋好友数量	＿＿＿人
D12	父母是否正在创业	1 = 是；0 = 否
D13	正在创业的兄弟姐妹数量	＿＿＿人
D14	正在创业的亲戚数量	＿＿＿人
D15	正在创业的朋友数量	＿＿＿人
D16	创业以后，您的社会交际圈（朋友圈）有什么变化	1 = 缩小很多；2 = 缩小一些；3 = 没变化；4 = 扩大一些；5 = 扩大很多
D17	与创业前相比，您的人情往来支出有什么变化	1 = 减少很多；2 = 减少一些；3 = 差不多；4 = 增加一些；5 = 增加很多
D18	2015 年您的家庭总支出大约是＿＿＿元，其中，人情往来支出大约是＿＿＿元	

E. 创业动机、机会和资源整合

编号	题项	选项
E1	您创业的主要目的是什么（可多选，限选 3 项）	1 = 解决温饱问题；2 = 提高生活水平；3 = 提高社会地位；4 = 实现人生理想；5 = 其他

续表

编号	题项	选项
E2	您创业的主要原因是什么（可多选，限选3项）	1=想干一番事业；2=政府支持；3=亲朋鼓励；4=创业环境好；5=找工作困难；6=其他
E3	对您来说，发现创业机会困难吗	1=非常困难；2=比较困难；3=中立；4=比较容易；5=非常容易
E4	您一共发现过＿＿个创业机会，其中，抓住了＿＿个创业机会用于创业	
E5	对您来说，创业时最需要哪些资源（多选，限4项）排序＿＿、＿＿、＿＿、＿＿	1=资金；2=客户资源（业务）；3=有经验的员工；4=厂房（经营场地）、设备；5=技术；6=销售渠道；7=生产、管理、销售经验；8=情感支持；9=各种信息；10=政府提供的政策和支持；11=其他
E6	您创业时是否向银行申请过贷款	1=是；0=否（如果"否"，转至E8）
E7	若您申请过银行贷款，申请贷款的数额都能获得批准吗	1=足额批准；2=部分批准；3=没有获得贷款
E8	若您没有申请过银行贷款，原因是什么	1=不需要借钱；2=能向亲朋好友借钱；3=能从其他民间渠道借钱；4=银行贷款办不下来，不愿去申请
E9	您平时关注创业的信息吗	1=非常关注；2=比较关注；3=不关注
E10	在创业过程中，您有过哪些想法或行为（可多选）	1=向有关机构咨询创业；2=经常与村干部和村能人联系；3=阅读相关报纸、杂志；4=上网查找信息；5=收听（看）广播和电视创业节目；6=了解本地政府的发展规划；7=了解本地龙头企业的发展；8=其他
E11	您获取信息的渠道主要有哪些（可多选）	1=家人；2=朋友等其他创业者；3=村干部；4=政府部门；5=金融机构；6=合作社；7=生意往来企业；8=书籍、报刊；9=广播、电视；10=互联网；11=手机
E12	创业过程中，您是否获得过政府支持	1=是；0=否（如果"否"，转至F1）
E13	创业过程中，您获得过政府的哪些支持（可多选）	1=提供创业项目；2=农业用地流转支持；3=办公场地或厂房用地支持；4=贷款支持；5=财政资金支持；6=税收优惠；7=用水用电优惠；8=培训支持；9=创业信息服务；10=其他

F. 创业的外部环境

编号	题项	选项
F1	您认为当前国家的经济形势如何	1 = 非常差；2 = 比较差；3 = 一般；4 = 比较好；5 = 非常好
F2	您认为当前农民工就业形势如何	1 = 非常差；2 = 比较差；3 = 一般；4 = 比较好；5 = 非常好
F3	您所在家乡的创业氛围如何	1 = 非常差；2 = 比较差；3 = 一般；4 = 比较好；5 = 非常好
F4	您家乡的基础设施（路、水电、通信等）如何	1 = 非常差；2 = 比较差；3 = 一般；4 = 比较好；5 = 非常好
F5	您创业的经营场所（地）距离最近的县城（或大城市）有多少公里	_____公里
F6	您觉得创业要获得政府支持困难吗	1 = 非常困难；2 = 比较困难；3 = 一般；4 = 比较容易；5 = 非常容易
F7	您觉得获得合适的创业项目困难吗	1 = 非常困难；2 = 比较困难；3 = 一般；4 = 比较容易；5 = 非常容易
F8	您觉得获得创业所需的资金困难吗	1 = 非常困难；2 = 比较困难；3 = 一般；4 = 比较容易；5 = 非常容易
F9	您觉得获得创业所需的农业用地困难吗	1 = 非常困难；2 = 比较困难；3 = 一般；4 = 比较容易；5 = 非常容易
F10	您觉得获得创业所需的办公和厂房用地困难吗	1 = 非常困难；2 = 比较困难；3 = 一般；4 = 比较容易；5 = 非常容易
F11	您觉得获得创业所需的设备困难吗	1 = 非常困难；2 = 比较困难；3 = 一般；4 = 比较容易；5 = 非常容易
F12	您觉得获得创业所需的技术困难吗	1 = 非常困难；2 = 比较困难；3 = 一般；4 = 比较容易；5 = 非常容易
F13	您觉得招聘创业所需的人才困难吗	1 = 非常困难；2 = 比较困难；3 = 一般；4 = 比较容易；5 = 非常容易
F14	您觉得推销创业的产品或服务困难吗	1 = 非常困难；2 = 比较困难；3 = 一般；4 = 比较容易；5 = 非常容易

编号	题项	选项
F15	您觉得获得创业所需的信息困难吗	1 = 非常困难；2 = 比较困难；3 = 一般；4 = 比较容易；5 = 非常容易
F16	提供创业项目	1 = 非常需要；2 = 需要；3 = 说不清；4 = 不需要
F17	提供用地优惠	1 = 非常需要；2 = 需要；3 = 说不清；4 = 不需要
F18	提供信贷扶持	1 = 非常需要；2 = 需要；3 = 说不清；4 = 不需要
F19	提供信息咨询	1 = 非常需要；2 = 需要；3 = 说不清；4 = 不需要
F20	提供创业知识或技能培训	1 = 非常需要；2 = 需要；3 = 说不清；4 = 不需要
F21	提供税收减免	1 = 非常需要；2 = 需要；3 = 说不清；4 = 不需要
F22	提供人才保障措施	1 = 非常需要；2 = 需要；3 = 说不清；4 = 不需要
F23	提供用水用电优惠	1 = 非常需要；2 = 需要；3 = 说不清；4 = 不需要
F24	设立创业园区	1 = 非常需要；2 = 需要；3 = 说不清；4 = 不需要
F25	简化登记手续	1 = 非常需要；2 = 需要；3 = 说不清；4 = 不需要

G. 创业绩效

编号	题项		选项
G1	创业项目的经营收入		创业第一年（_____年）_____元
			2015 年_____元
G2	创业项目的净利润		创业第一年（_____年）_____元
			2015 年_____元
G3	专业大户和家庭农场	使用的土地规模	创业第一年（_____年）_____亩
			2015 年_____亩
G4		土地流转总费用	创业第一年（_____年）流转入_____亩，共_____元
			2015 年流转入_____亩，共_____元
G5	合作社	社员数量	创业第一年（_____年）_____人
			2015 年_____人
G6		土地经营规模（含社员）	创业第一年（_____年）_____亩
			2015 年_____亩

续表

编号	题项		选项
G7	涉农企业	员工数量	创业第一年（_____年）_____人
			2015 年_____人
G8		租赁、购买厂房或办公经营场地的费用	创业第一年（_____年）_____元
			2015 年_____元
G9	您对创业的总体评价如何		1＝很失败；2＝较失败；3＝一般；4＝较成功；5＝很成功
G10	与周围的创业者相比，您创业的总体绩效如何		1＝非常差；2＝较差；3＝差不多；4＝较好；5＝非常好
G11	创业对您家庭收入的影响		1＝增加；2＝减少；3＝没影响
G12	创业对您家庭成员关系的影响		1＝比以前好；2＝比以前坏；3＝没影响
G13	创业对您和周边农民的关系的影响		1＝比以前好；2＝比以前坏；3＝没影响
G14	创业对周围农民收入有带动吗		1＝有；2＝无
G15	创业对您的人际关系改善有帮助吗		1＝有；2＝无
G16	创业对您的个人心理有什么影响		1＝更自信；2＝没影响；3＝压力大，有点吃不消
G17	创业对您个人形象的影响		1＝在家庭和社会中的地位提高了，更有面子；2＝没影响；3＝形象变差，感觉灰头土脸
G18	您认为家乡创业的主体（起决定作用的）应该是谁（单选）		1＝本地农民；2＝返乡农民工；3＝政府机关或事业单位下海人员；4＝大学生；5＝外地大老板；6＝其他
G19	您认为政府应该从哪些方面支持农民创业能取得最好的效果（最多选4项）		1＝提供创业项目；2＝财政资金支持；3＝用地优惠；4＝提供信息咨询；5＝提供创业知识或技能培训；6＝提供税收减免；7＝提供人才保障；8＝用水用电优惠；9＝简化登记手续；10＝其他 排序：_____、_____、_____、_____
G20	您认为决定创业成败的最主要个人因素是什么（单选）		1＝个人能力（技术）；2＝个人关系；3＝个人机会（运气）；4＝个人资金；5＝其他
G21	您认为决定创业成败的最主要社会因素是什么（单选）		1＝国家经济形势；2＝政府支持力度；3＝本地创业环境；4＝亲戚朋友的支持；5＝其他
G22	您怎么看待您当前创业项目的发展前景		1＝前景很好；2＝前景暗淡；3＝说不清

编号	题项	选项
G23	您认为农村发展应依靠哪些行业（可多选）	1＝传统种养殖业；2＝规模种养殖业；3＝设施农业；4＝乡村工业；5＝乡村服务业
G24	您认为农村发展应主要依靠哪些资源（可多选）	1＝土地；2＝资金；3＝劳动力；4＝科技；5＝政策
G25	您了解政府鼓励"大众创业、万众创新"的相关政策吗	1＝非常了解；2＝听说过，但不太了解；3＝没听说过

问题到此结束，感谢您的耐心配合！同时也感谢调查员的认真工作！

附录 2

2015 年以来涉及农民创业创新的主要国家级文件

时间	发文单位	文件名称	相关内容
2015 年 2 月	中共中央、国务院（一号文件）	关于加大改革创新力度加快农业现代化建设的若干意见	提出拓宽农村外部增收渠道、加快构建新型农业经营体系、推进农村集体产权制度改革、推进农村金融体制改革四个目标。要求引导有技能、资金和管理经验的农民工返乡创业，落实定向减税和普遍性降费政策，降低创业成本和企业负担。
2015 年 4 月	农业部	关于加强农民创新创业服务工作促进农民就业增收的意见	要求各级农业部门进一步营造良好的农民创新创业生态环境，激发亿万农民创新活力创业潜力，打造农业农村经济发展新引擎。
2015 年 5 月	国务院	关于进一步做好新形势下就业创业工作的意见	鼓励农村劳动力创业，发展农民工返乡创业园，支持农民网上创业。
2015 年 6 月	国务院	关于大力推进大众创业万众创新若干政策措施的意见	提出拓展城乡创业渠道，实现创业带动就业的目标，其中的具体措施包括支持电子商务向基层延伸，支持返乡创业集聚发展，完善基层创业支撑服务等。

续表

时间	发文单位	文件名称	相关内容
2015 年 6 月	国务院办公厅	关于支持农民工等人员返乡创业的意见（内含《鼓励农民工等人员返乡创业三年行动计划纲要（2015～2017 年)》）	支持农民工、大学生和退役士兵等人员返乡创业。指出要坚持普惠性与扶持性政策相结合，坚持盘活存量与创造增量并举，坚持政府引导与市场主导协同，坚持输入地与输出地发展联动，通过促进产业转移、推动输出地产业升级、鼓励输出地资源嫁接输入地市场、引导一二三产业融合发展、支持新型农业经营主体发展等渠道带动返乡创业。 强调要健全基础设施和创业服务体系，加强基层服务平台和互联网创业线上线下基础设施建设，依托存量资源整合发展农民工返乡创业园，强化返乡农民工等人员创业培训工作，完善农民工等人员返乡创业公共服务，改善返乡创业市场中介服务，引导返乡创业与万众创新对接。 提出了支持返乡创业的五方面政策措施：一是降低返乡创业门槛。二是落实定向减税和普遍性降费政策。三是加大财政支持力度。四是强化返乡创业金融服务。五是完善返乡创业园支持政策。
2015 年 7 月	国家工商总局	关于进一步做好农民工工作的通知	结合商事制度改革，积极促进农民工就业、创业。认真履行工商行政管理职能，切实维护农民工合法权益。
2015 年 11 月	国家发展和改革委员会、工业和信息化部、财政部等	关于结合新型城镇化开展支持农民工等人员返乡创业试点工作的通知	对开展支持农民工等人员返乡创业试点工作提出总体要求、主要任务和组织实施作出了解释和规定。总体要求：营造环境，激发活力；优化布局，集群创业；统筹城乡，融合发展；绿色集约，有序推进；以人为本，保障有力。主要任务：加强园区资源整合；加强服务平台建设；加强服务能力建设。组织实施包括试点示范的选择范围和试点示范的申报要求。
2015 年 12 月	中共中央、国务院（一号文件）	关于落实发展新理念加快农业现代化、实现全面小康目标的若干意见	支持农民工返乡创业。鼓励各地设立农村妇女就业创业基金，加大妇女小额担保贷款实施力度，加强妇女技能培训，支持农村妇女发展家庭手工业。
2016 年 1 月	农业部	农业部农产品加工局（乡镇企业局）2016 年工作要点	营造良好农民创业创新生态环境、激发农民创业创新活力，对返乡农民工等人员落实扶持政策、开发创业项目、搭建创业平台、培育创业人员、构建服务体系，持续推进农民创业创新行动计划、农村青年创业富民行动、开发农业农村资源支持农民工等人员返乡创业行动计划。

续表

时间	发文单位	文件名称	相关内容
2016 年 1 月	农业部	关于扎实做好 2016 年农业农民经济工作的意见	加快建立新型农业经营主体培育政策体系，优化财政支农资金使用，不断完善补贴、财税、信贷保险、用地用电和人才培养等扶持政策。允许将集中连片整治后新增加的部分耕地，按规定用于完善农田配套设施。抓紧建立新型经营主体生产经营直报信息系统。深入开展新型农业经营主体、新型职业农民和农村实用人才带头人培训。健全农业广播电视学校体系，定向培养职业农民。推动建立健全职业农民扶持制度。引导农民就地就近就业和返乡创新创业。
2016 年 3 月	农业部	农民创业政策指导目录	搭建农民创业创新平台，依托现有各类开发区和农业产业园区，选择基础设施完善、服务功能齐全、社会公信力高、示范带动作用强的园区开展农民集群创业试点，努力建成一批农民创业创新园区。
2016 年 5 月	农业部、国家发展和改革委员会、财政部等	关于引导和促进农民合作社规范发展的意见	合作社规范化建设的总体思路、目标原则、重点任务和政策措施，要求合作社健全财务管理、民主决策、成员监督等一系列制度，保障成员的主人翁地位和权益，增强向心力凝聚力。
2016 年 5 月	财政部、国家税务总局	关于农民专业合作社有关税收政策的通知	合作社在增值税、印花税方面的优惠。
2016 年 5 月	中国人民银行	关于做好家庭农场等新型农业经营主体金融服务的指导意见	推动发展了集体林权抵押贷款、大型农机具抵押贷款、"信贷＋保险"产品等一批效果明显的创新产品。
2016 年 6 月	人社部办公厅、农业部办公厅等	关于实施农民工等人员返乡创业培训五年行动计划（2016～2020年）的通知	将返乡农民工等人员中有意愿开展创业活动和处于创业初期的人员全部纳入创业培训服务范围，针对其不同创业阶段的特点等，开展内容丰富、方式灵活、实用有效的创业培训，实施培训、孵化、服务"一条龙"帮扶。力争到 2020 年使有创业要求和培训愿望、具备一定创业条件或已创业的农民工等人员都能参加一次创业培训，有效提升创业能力。

续表

时间	发文单位	文件名称	相关内容
2016 年 6 月	农业部、国家发展和改革委员会等	"互联网 +" 现代农业三年行动实施方案	互联网创新成果与农业生产、经营、管理、服务和农村经济社会各领域深度融合。鼓励家庭农场、合作社、龙头企业等新型农业经营主体运用互联网新思维、新技术、新模式改造流通方式、管理方式和经营方式,发挥在现代农业建设中的引领作用。支持新型农业经营主体带动农户积极应用农业物联网和电子商务,探索农户创业创新新模式。
2016 年 8 月	农业部	"十三五"全国农业农村信息化发展规划	让信息公开化透明化,给创业者提供更多的信息,比如:生产信息化、经营信息化、管理信息化、服务信息化。
2016 年 9 月	农业部农产品加工局	关于大力发展休闲农业的指导意见	支持有条件的地方通过盘活农村闲置房屋、集体建设用地等资产资源发展休闲农业。鼓励各地将休闲农业和乡村旅游项目建设用地纳入土地利用总体规划和年度计划。在符合相关规划的前提下,农村集体经济组织可以依法使用建设用地自办或以土地使用权入股、联营等方式与其他单位和个人共同举办住宿、餐饮、停车场等休闲旅游接待服务企业。 鼓励各地将中央乡村建设资金适当向休闲农业集聚区倾斜。鼓励各地采取以奖代补、先建后补、财政贴息、设立产业投资基金等方式加大财政扶持力度。金融机构要创新担保机制和信贷模式,扩大对休闲农业和乡村旅游经营主体的信贷支持。鼓励社会资本依法合规利用 PPP 模式、众筹模式、"互联网 +"模式、发行债券等新型融资模式投资休闲农业。 国家推动重要农业文化遗产的保护、传承和利用。各地要加大投资力度,组织实施休闲农业和乡村旅游提升工程,推动休闲农业和乡村旅游提档升级。
2016 年 11 月	国务院办公厅	关于支持返乡下乡人员创业创新促进农村一二三产业融合发展的意见	提出八个方面的意见。一是简化市场准入:县级政府要设立"绿色通道",为返乡下乡人员创业创新提供便利服务。二是改善金融服务:采取财政贴息、融资担保、扩大抵押物范围等综合措施,努力解决返乡下乡人员创业创新融资难问题。三是加大财政支持力度:采取以奖代补、先建后补、政府购买服务等方式

时间	发文单位	文件名称	相关内容
2016 年 11 月	国务院办公厅	关于支持返乡下乡人员创业创新促进农村一二三产业融合发展的意见	予以积极支持。把返乡下乡人员开展农业适度规模经营所需贷款纳入全国农业信贷担保体系。切实落实好定向减税和普遍性降费政策。四是落实用地用电支持措施：鼓励返乡下乡人员依法以入股、合作、租赁等形式使用农村集体土地发展农业产业，依法使用农村集体建设用地开展创业创新。五是开展创业培训：采取线上学习与线下培训、自主学习与教师传授相结合的方式，开辟培训新渠道。六是完善社会保障政策：返乡下乡人员可在创业地按相关规定参加各项社会保险，有条件的地方要将其纳入住房公积金缴存范围，按规定将其子女纳入城镇（城乡）居民基本医疗保险参保范围。七是强化信息技术支撑：通过财政补贴、政府购买服务、落实税收优惠等政策，支持返乡下乡人员利用大数据、物联网、云计算、移动互联网等新一代信息技术开展创业创新。八是创建创业园区：依托现有开发区、农业产业园等各类园区以及专业市场、农民合作社、农业规模种养基地等，整合创建一批具有区域特色的返乡下乡人员创业创新园区，建立开放式服务窗口，形成合力。
2016 年 12 月	中共中央、国务院（一号文件）	关于深入推进农业供给侧结构性改革加快培育农业农村发展新动能的若干意见	支持农民工返乡创业，带动现代农业和农村新产业新业态发展。鼓励高校毕业生、企业主、农业科技人员、留学归国人员等各类人才回乡下乡创业创新，将现代科技、生产方式和经营模式引入农村。整合落实支持农村创业创新的市场准入、财政税收、金融服务、用地用电、创业培训、社会保障等方面优惠政策。鼓励各地建立返乡创业园、创业孵化基地、创客服务平台，开设开放式服务窗口，提供一站式服务。
2017 年 5 月	中共中央、国务院	关于加快构建政策体系培育新型农业经营主体的意见	加快新型农业经营主体发展，实行完善税收政策，加强基础设施建设，改善金融信贷服务，拓展市场，引进人才等措施。

时间	发文单位	文件名称	相关内容
2017年11月	农业部办公厅、中国农业发展银行办公室	关于政策性金融支持农村创业创新的通知	提出政策性金融支持农村创业创新，要按照农业部和农发行相关决策部署，完善返乡下乡创业信用评价机制，强化农村创业创新金融服务，探索扩大农村贷款抵押物范围，开发符合返乡下乡本乡人员创业需求特点的金融产品和金融服务，加大对农村创业创新的信贷支持和服务力度。指出当前政策性金融支持农村创业创新的重点范围包括：支持创业创新园区等创新体系建设；支持返乡下乡人员培训基地建设；支持返乡下乡本乡人员发展新产业新业态新模式。 农发行各分行和各级农业部门要针对各类创业创新主体的融资需求，统筹利用国家关于支持创业创新的财政贴息、创业基金、税收优惠等政策，使财政资金与政策性金融资金形成合力，积极促进农村创业创新项目落地。如通过"政府引导、财政扶持、联合增信、批量授信"的模式，与当地政府和担保、保险等机构合作，特别是与全国农业信贷担保体系合作，探索利用"政银担""政银保"等融资担保方式，为科技创新企业及其他创业创新主体提供融资服务；根据创业创新主体中科技创新型企业和新型农业经营主体缺乏有效担保的问题，积极探索专利权质押等知识产权融资模式，运用保证、抵押、质押等组合担保方式支持创业创新。
2018年1月	中共中央、国务院（一号文件）	关于实施乡村振兴战略的意见	加强扶持引导服务，实施乡村就业创业促进行动，大力发展文化、科技、旅游、生态等乡村特色产业，振兴传统工艺。培育一批家庭工场、手工作坊、乡村车间，鼓励在乡村地区兴办环境友好型企业，实现乡村经济多元化，提供更多就业岗位。
2018年1月	国务院办公厅	关于推进农业高新技术产业示范区建设发展的指导意见	培育创新主体。研究制定农业创新型企业评价标准，培育一批研发投入大、技术水平高、综合效益好的农业创新型企业。以"星创天地"为载体，推进大众创业、万众创新，鼓励新型职业农民、大学生、返乡农民工、留学归国人员、科技特派员等成为农业创业创新的生力军。支持家庭农场、农民合作社等新型农业经营主体创业创新。
2018年9月	国务院	关于推动创新创业高质量发展打造"双创"升级版的意见	健全农民工返乡创业服务体系。深入推进农民工返乡创业试点工作，推出一批农民工返乡创业示范县和农村创新创业典型县。进一步发挥创业担保贷款政策的作用，鼓励金融机构按照市场化、商业可持续原则对农村"双创"园区（基地）和公共服务平台等提供金融服务。安排一定比例年度土地利用计划，专项支持农村新产业新业态和产业融合发展。

续表

时间	发文单位	文件名称	相关内容
2019 年 1 月	中共中央	中国共产党农村基层组织工作条例	组织党员、群众学习农业科学技术知识，运用科技发展经济。吸引各类人才到农村创业创新。 党的农村基层组织应当动员和带领群众全力打赢脱贫攻坚战，组织发展乡村致富产业，推动农民就业创业。
2019 年 1 月	中央农村工作领导小组办公室、农业农村部办公厅	关于做好 2019 年农业农村工作的实施意见	大力推进乡村创新创业，建设一批双创园区，认定一批实训孵化基地，吸引外出农民工等返乡创业。
2019 年 1 月	国务院办公厅	关于有效发挥政府性融资担保基金作用切实支持小微企业和"三农"发展的指导意见	旨在降低担保服务门槛，着力缓解小微企业、"三农"等普惠领域融资难、融资贵，支持发展战略性新兴产业，促进大众创业、万众创新。 要求各级政府性融资担保、再担保机构要合理界定服务对象范围，聚焦小微企业、个体工商户、农户、新型农业经营主体等小微企业和"三农"主体，不断提高支小支农担保业务规模和占比。
2019 年 2 月	中共中央、国务院（一号文件）	关于坚持农业农村优先发展做好"三农"工作的若干意见	支持乡村创新创业，鼓励外出农民工等返乡下乡创新创业，完善乡村创新创业支持服务体系，落实好减税降费政策，鼓励地方设立乡村就业创业引导基金，加强创新创业孵化平台建设。
2019 年 2 月	中共中央办公厅、国务院	关于促进小农户和现代农业发展有机衔接的意见	带动小农户发展新产业新业态，加强创业孵化等公共服务，支持小农户发展创意农业等。 鼓励小农户创业就业，鼓励有条件的地方构建资金支持、创业培训、产业扶持等相互协同的政策体系，支持小农户结合自身优势和特长在农村创业创新。

参考文献

[1] 奥尔森. 集体行动的逻辑 [M]. 陈郁, 等译. 上海: 上海三联书店, 1995.

[2] 巴林杰, 爱尔兰. 创业管理: 成功创建新企业 [M]. 第五版. 薛红志, 张帆, 译. 北京: 机械工业出版社, 2017.

[3] 鲍海君, 黄会明. 失地农民创业潜力的优先度评估 [J]. 统计与决策, 2010 (16): 44 – 46.

[4] 鲍海君. 论失地农民的创业培训体系建设 [J]. 江淮论坛, 2012 (4): 50 – 57.

[5] 贝克尔. 人力资本 [M]. 梁小民, 译. 北京: 北京大学出版社, 1987.

[6] 蔡莉, 单标安, 朱秀梅, 王倩. 创业研究回顾与资源视角下的研究框架构建——基于扎根思想的编码与提炼 [J]. 管理世界, 2011 (12): 160 – 169.

[7] 陈波. 风险态度对回乡创业行为影响的实证研究 [J]. 管理世界, 2009 (3): 84 – 91.

[8] 陈明生. 企业家才能及分析框架 [J]. 经济体制改革, 2007 (5): 71 – 74.

[9] 陈楠, 杜磊. 以家庭农场为载体的农民创业环境评价 [J]. 西北农林科技大学学报 (社会科学版), 2018, 18 (1): 50 – 57.

[10] 陈希敏, 马徽. 社会资本发挥抵押替代技术的理论分析及其检验——一种观察农户借贷行为的新视角 [J]. 中国软科学, 2014 (S): 146 – 155.

[11] 陈昭玖, 朱红根. 人力资本、社会资本与农民工返乡创业政府支持可获得性 [J]. 农业经济问题, 2011 (5): 54 – 59.

[12] 程昆, 潘朝顺, 黄亚雄. 农村社会资本的特性、变化及其对农村非正规金融运

行的影响 [J]. 农业经济问题, 2006 (6): 31 - 35 + 79.

[13] 程伟, 张红. 农民工返乡创业对村落社会结构变迁的影响研究——基于村落终结的视角 [J]. 农村经济, 2012 (7): 109 - 112.

[14] 程新生. 公司治理、内部控制、组织结构互动关系研究 [J]. 会计研究, 2004 (4): 14 - 18 + 97.

[15] 程郁, 罗丹. 信贷约束下农户的创业选择——基于中国农户调查的实证分析 [J]. 中国农村经济, 2009 (11): 25 - 38.

[16] 仇静莉, 许海元. 新农村建设中提升农民创业能力对策研究 [J]. 河北学刊, 2009, 29 (5): 175 - 177.

[17] 初明达. 农民创业可选择类型研究 [J]. 调研世界, 2008 (3): 22 - 23 + 31.

[18] 崔登峰, 王秀清, 朱金鹤. 西部边疆民族地区农村基本公共服务优先序研究——基于新疆 42 个县市 96 个村镇的调研数据 [J]. 农业经济问题, 2012, 33 (3): 70 - 76.

[19] 德鲁克. 创新与企业家精神 [M]. 蔡文燕, 译. 北京: 机械工业出版社, 2007.

[20] 邓国取. 城市新城区建设进程中失地农民自我创业分析与评价——基于洛阳市洛南新区的调研与思考 [J]. 城市发展研究, 2009, 16 (12): 63 - 69.

[21] 邓俊淼. 农民合作组织推动农户创业模式探讨——基于对社旗县 "小杂粮" 合作社的考察 [J]. 调研世界, 2010 (2): 27 - 29.

[22] 邓卫华, 蔡根女, 易明. 农民创业信息需求现状调查与特征探析——基于对382 个创业者的调查 [J]. 情报科学, 2011, 29 (11): 1714 - 1721.

[23] 蒂蒙斯, 斯皮内利. 创业学 [M]. 第六版. 周伟民, 吕长春, 译. 北京: 人民邮电出版社, 2016.

[24] 丁高洁, 郭红东. 社会资本对农民创业绩效的影响研究 [J]. 华南农业大学学报 (社会科学版), 2013, 12 (2): 50 - 57.

[25] 董保宝, 葛宝山. 经典创业模型回顾与比较 [J]. 外国经济与管理, 2008 (3): 19 - 28.

[26] 范香梅, 张晓云. 社会资本影响农户贷款可得性的理论与实证分析 [J]. 管理世界, 2012 (4): 177 - 178.

[27] 方鸣, 詹寒飞. 返乡农民工对创业培训政策满意度的影响因素分析 [J]. 财贸研究, 2016, 27 (6): 54 - 59.

[28] 费孝通. 乡土中国 [M]. 北京: 北京出版社, 2005.

［29］冯海红．小额信贷、农民创业与收入增长——基于中介效应的实证研究［J］．审计与经济研究，2016，31（5）：111 – 119．

［30］福山．信任：社会美德与创造经济繁荣［M］．李宛容，译．呼和浩特：远方出版社，1998．

［31］高建．全球创业观察报告（2007）——创业转型与就业研究［M］．北京：清华大学出版社，2008．

［32］高强，刘同山，孔祥智．家庭农场的制度解析：特征、发生机制与效应［J］．经济学家，2013（6）：48 – 56．

［33］高强，周振，孔祥智．家庭农场的实践界定、资格条件与登记管理——基于政策分析的视角［J］．农业经济问题，2014，35（9）：11 – 18 + 110．

［34］古家军，谢凤华．农民创业活跃度影响农民收入的区域差异分析——基于1997 ~ 2009 年的省际面板数据的实证研究［J］．农业经济问题，2012，33（2）：19 – 23 + 110．

［35］郭铖，何安华．社会资本、创业环境与农民涉农创业绩效［J］．上海财经大学学报，2017（2）：76 – 85．

［36］郭铖，魏枫．社会资本对农户技术采纳行为的影响［J］．管理学刊，2015，28（6）：30 – 38．

［37］郭春松．"标会"的危害及其治理［J］．金融理论与实践，2004（10）：12 – 14．

［38］郭红东，丁高洁．关系网络、机会创新性与农民创业绩效［J］．中国农村经济，2013（8）：78 – 87．

［39］郭红东，丁高洁．社会资本、先验知识与农民创业机会识别［J］．华南农业大学学报（社会科学版），2012，11（3）：78 – 85．

［40］郭红东，周惠珺．先前经验、创业警觉与农民创业机会识别——一个中介效应模型及其启示［J］．浙江大学学报（人文社会科学版），2013，43（4）：17 – 27．

［41］郭金云，江伟娜．促进失地农民自主创业的对策研究——基于创业过程的一般模型分析［J］．农村经济，2010（2）：106 – 109．

［42］郭军盈．我国农民创业的区域差异研究［J］．经济问题探索，2006（6）：70 – 74．

［43］郭云南，王春飞．新型农村合作医疗保险与自主创业［J］．经济学（季刊），2016，15（4）：1463 – 1482．

［44］郭云南，张琳弋，姚洋．宗族网络、融资与农民自主创业［J］．金融研究，2013（9）：136－149.

［45］何得桂，党国英．西部山区易地扶贫搬迁政策执行偏差研究——基于陕南的实地调查［J］．国家行政学院学报，2015（6）：119－123.

［46］黄洁，蔡根女，买忆媛．谁对返乡农民工创业机会识别更具影响力：强连带还是弱连带［J］．农业技术经济，2010（4）：28－35.

［47］黄洁，买忆媛．农民创业者初始社会资本对机会识别类型的预测能力研究［J］．农业技术经济，2011（4）：50－57.

［48］黄祖辉，高钰玲．农民专业合作社服务功能的实现程度及其影响因素［J］．中国农村经济，2012（7）：4－16.

［49］姜长云．推进农村一二三产业融合发展　新题应有新解法［J］．中国发展观察，2015（2）：18－22.

［50］蒋剑勇，郭红东．创业氛围、社会网络和农民创业意向［J］．中国农村观察，2012（2）：20－27.

［51］蒋剑勇，钱文荣，郭红东．农民创业机会识别的影响因素研究——基于968份问卷的调查［J］．南京农业大学学报（社会科学版），2014，14（1）：51－58.

［52］蒋剑勇，钱文荣，郭红东．社会网络、社会技能与农民创业资源获取［J］．浙江大学学报（人文社会科学版），2013，43（1）：85－100.

［53］蒋剑勇，钱文荣，郭红东．社会网络、先前经验与农民创业决策［J］．农业技术经济，2014（2）：17－25.

［54］金迪，蒋剑勇．基于社会嵌入理论的农民创业机理研究［J］．管理世界，2014（12）：180－181.

［55］坎特龙．商业性质概论［M］．余永定，徐寿冠，译．北京：商务印书馆，1985.

［56］科尔曼．社会理论基础［M］．北京：社会科学文献出版社，1999.

［57］劳里·穆林．管理与组织行为［M］．李丽，廖羽，闫甜，译．经济管理出版社，2008.

［58］李博，左停．遭遇搬迁：精准扶贫视角下扶贫移民搬迁政策执行逻辑的探讨——以陕南王村为例［J］．中国农业大学学报（社会科学版），2016，33（2）：25－31.

［59］李后建．自然灾害冲击对农民创业行为的影响［J］．中国人口科学，2016

（2）：105 – 115 + 128.

［60］李立，严立冬，陈玉萍，邓远建. 政策性金融支持对返乡创业农户生计改善的影响［J］. 华东经济管理，2017，31（9）：129 – 135.

［61］李全伦，李永涛. 农民创业带动就业效应的实证研究——以山东、河南调查数据为例［J］. 财政研究，2010（9）：44 – 48.

［62］李树，于文超. 农村金融多样性对农民创业影响的作用机制研究［J］. 财经研究，2018，44（1）：4 – 19.

［63］李新春，刘莉. 嵌入性——市场性关系网络与家族企业创业成长［J］. 中山大学学报（社会科学版），2009，49（3）：190 – 202.

［64］李远煦，黄兆信，钟卫东. 新生代农民工创业教育与公共政策选择［J］. 教育发展研究，2011，31（21）：42 – 46.

［65］李岳云，杨宁. 农民创业与乡村发展［J］. 现代经济探讨，2008（4）：46 – 48.

［66］刘杰，郑风田. 流动性约束对农户创业选择行为的影响——基于晋、甘、浙三省 894 户农民家庭的调查［J］. 财贸研究，2011，22（3）：28 – 35 + 60.

［67］刘民权，徐忠，俞建拖. 信贷市场中的非正规金融［J］. 世界经济，2003（7）：61 – 73 + 80.

［68］刘新智，刘雨姗，刘雨松. 金融支持对农户创业的影响及其空间差异分析——基于 CFPS2014 数据的研究［J］. 宏观经济研究，2017（11）：139 – 149.

［69］刘颖娴. 当前中国农民专业合作社的困境与发展方向——"2012 国际合作社年：农业合作社的国际趋势与中国实践"国际研讨会综述［J］. 中国农村经济，2013（3）：89 – 96.

［70］刘宇翔. 农民合作社功能结构与农民收入灰色关联分析［J］. 西北农林科技大学学报（社会科学版），2016，16（6）：59 – 65.

［71］刘正周. 管理激励与激励机制［J］. 管理世界，1996（5）：213 – 215.

［72］刘志荣，姜长云. 关于农民创业发展的文献综述——以西部地区农民创业为重点［J］. 经济研究参考，2008（66）：37 – 47.

［73］娄英英，钟爱保，陈伟金. 制度创新是推动农民创业的关键［J］. 求实，2007（11）：92 – 94.

［74］陆学艺. 当代中国社会阶层研究报告［M］. 北京：社会科学文献出版社，2002.

［75］罗必良. 崇州"农业共营制"试验［J］. 决策，2014（9）：60-61.

［76］罗必良. 农业共营制：新型农业经营体系的探索与启示［J］. 社会科学家，2015（5）：7-12.

［77］罗明忠，张雪丽. 社会资本、风险容忍与农民创业组织形式选择：基于广东省的数据［J］. 广东财经大学学报，2017，32（3）：76-84.

［78］罗明忠，邹佳瑜，卢颖霞. 农民的创业动机、需求及其扶持［J］. 农业经济问题，2012，33（2）：14-19+110.

［79］罗明忠. 个体特征、资源获取与农民创业——基于广东部分地区问卷调查数据的实证分析［J］. 中国农村观察，2012（2）：11-19.

［80］马光荣，杨恩艳. 社会网络、非正规金融与创业［J］. 经济研究，2011，46（3）：83-94.

［81］马鸿佳，孙红霞. 转型期中国失地农民创业动机模型构建［J］. 社会科学战线，2011（8）：265-266.

［82］马九杰等. 社会资本与农户经济［M］. 北京：中国农业科学技术出版社，2008.

［83］马歇尔. 经济学原理［M］. 朱志泰，陈良璧，译. 北京：商务印书馆，1997.

［84］朋文欢，黄祖辉. 农民专业合作社有助于提高农户收入吗？——基于内生转换模型和合作社服务功能的考察［J］. 西北农林科技大学学报（社会科学版），2017，17（4）：57-66.

［85］彭艳玲，孔荣，Calum G Turvey. 农民创业意愿活跃程度及其影响因素研究——基于需求与供给联立方程模型［J］. 经济与管理研究，2013（4）：45-51.

［86］彭艳玲，孔荣，王瑞红. 创业自我效能感及其对农民创业意向的传导作用［J］. 经济与管理研究，2011（12）：56-61.

［87］平新乔，张海洋，郝朝艳，梁爽. 农民金融约束的形成原因探究［J］. 经济学动态，2012（4）：10-14.

［88］普特南. 使民主运转起来［M］. 王列，赖海榕，译. 南昌：江西人民出版社，2001.

［89］任家华. 后金融危机时期农民创业企业治理及其政策支持机制研究［J］. 农村经济，2011（5）：11-13.

［90］萨伊. 政治经济学概论［M］. 陈福生，等译. 北京：商务印书馆，1963.

［91］舒尔茨．论人力资本投资［M］．吴珠华，等译．北京：北京经济学院出版社，1990．

［92］苏晓华，郑晨，李新春．经典创业理论模型比较分析与演进脉络梳理［J］．外国经济与管理，2012，34（11）：19－26．

［93］孙红霞，郭霜飞，陈浩义．创业自我效能感、创业资源与农民创业动机［J］．科学学研究，2013，31（12）：1879－1888．

［94］孙红霞，孙梁，李美青．农民创业研究前沿探析与我国转型时期研究框架构建［J］．外国经济与管理，2010，32（6）：31－37．

［95］陶艳梅．中国农村社会资本研究［D］．杨凌：西北农林科技大学，2007．

［96］托马斯·福特·布朗，木子西．社会资本理论综述［J］．马克思主义与现实，2000（2）：41－46．

［97］汪磊，汪霞．易地扶贫搬迁前后农户生计资本演化及其对增收的贡献度分析——基于贵州省的调查研究［J］．探索，2016（6）：93－98．

［98］汪三贵，刘湘琳，史识洁，应雄巍．人力资本和社会资本对返乡农民工创业的影响［J］．农业技术经济，2010（12）：4－10．

［99］汪小勤，汪红梅．我国农村社会资本变迁的经济分析［J］．福建论坛（人文社会科学版），2007（12）：10－14．

［100］王阿娜．农民创业的专业合作经济组织形式探讨［J］．福建农林大学学报（哲学社会科学版），2010，13（6）：24－27．

［101］王丹宇．"三农"创业主体分析［J］．广西社会科学，2011（10）：65－68．

［102］王宏新，付甜，张文杰．中国易地扶贫搬迁政策的演进特征——基于政策文本量化分析［J］．国家行政学院学报，2017（3）：48－53＋129．

［103］王建中，杨保健．创业环境及资源整合能力对新创企业绩效影响关系研究［D］．昆明：昆明理工大学，2011．

［104］王金杰，李启航．电子商务环境下的多维教育与农村居民创业选择——基于CFPS2014和CHIPS2013农村居民数据的实证分析［J］．南开经济研究，2017（6）：75－92．

［105］王图展．自生能力、外部支持与农民合作社服务功能［J］．农业经济问题，2017，38（5）：14－27＋110．

［106］王晓毅．易地扶贫搬迁方式的转变与创新［J］．改革，2016（8）：71－73．

[107] 王修华，谭开通．社会网络对农户正规机构贷款可获性的影响研究［J］．湘潭大学学报（哲学社会科学版），2014，38（1）：30－34．

[108] 王勇．创业环境、风险态度与新生代农民工的创业倾向［J］．经济体制改革，2017（1）：67－75．

[109] 危旭芳．农民创业资源异质性与绩效差异——基于3727家农民和非农民创业企业的比较研究［J］．江汉论坛，2013（5）：66－73．

[110] 韦芬萍．农民农业创业存在的问题及对策［J］．现代农业科技，2012（7）：351－352．

[111] 韦吉飞，李录堂．农村非农活动、农民创业与农村经济变迁——基于1992～2007年中国农村的实证分析［J］．武汉理工大学学报（社会科学版），2009，22（5）：42－48．

[112] 韦吉飞，李录堂．农民创业、分工演进与农村经济增长——基于中国农村统计数据的时间系列分析［J］．大连理工大学学报（社会科学版），2010，31（4）：24－30．

[113] 韦吉飞，李录堂．农民创业认知及影响因素研究——基于杨凌农高会参会农民的调查实证分析［J］．软科学，2008（11）：133－139．

[114] 韦吉飞，王建华，李录堂．农民创业行为影响因素研究——基于西北五省区调查的实证分析［J］．财贸研究，2008，19（5）：16－22．

[115] 韦吉飞．农民创业对农村收入不平等与贫困的影响研究［J］．重庆大学学报（社会科学版），2013，19（2）：16－22．

[116] 魏江，徐蕾，朱西湖，石俊娜．少数民族地区农民创业培训体系构建基于甘南、甘孜的调查研究［J］．中国软科学，2009（7）：104－108．

[117] 温彭年，贾国英．建构主义理论与教学改革——教育理论与实践［J］．中国软科学，2002（5）：17－22．

[118] 吴昌华，邓仁根，戴天放，叶淑芳，刘玉秀．基于微观视角的农民创业模式选择［J］．农村经济，2008（6）：90－92．

[119] 吴磊，郑风田．创业环境维度视角下的农民工回乡创业选择［J］．中国人口·资源与环境，2012，22（9）：116－120．

[120] 吴小立，胡新艳．农民创业的跨层次嵌入与乡村旅游资源的适应性协同管理［J］．华中农业大学学报（社会科学版），2017（4）：132－138＋151．

[121] 夏公喜，湛中林，李明水，翁传勇．大城市郊区农民创业的影响因素分析——

基于南京市郊区（县）的实证分析 [J]. 现代经济探讨，2009（11）：71 - 74.

[122] 肖华芳，包晓岚. 农民创业的信贷约束——基于湖北省930家农村微小企业的实证研究 [J]. 农业技术经济，2011（2）：102 - 110.

[123] 谢琳，钟文晶，罗必良. "农业共营制"：理论逻辑、实践价值与拓展空间——基于崇州实践的思考 [J]. 农村经济，2014（11）：31 - 36.

[124] 谢琳，钟文晶. 规模经营、社会化分工与深化逻辑——基于"农业共营制"的案例研究 [J]. 学术研究，2016（8）：101 - 106 + 177 - 178.

[125] 熊彼特. 经济发展理论 [M]. 何畏，易家详，译. 北京：商务印书馆，1991.

[126] 徐超，宫兵. 农民创业是否降低了贫困脆弱性 [J]. 现代财经（天津财经大学学报），2017，37（5）：46 - 59.

[127] 徐超，吴玲萍，孙文平. 外出务工经历、社会资本与返乡农民工创业——来自CHIPS数据的证据 [J]. 财经研究，2017，43（12）：30 - 44.

[128] 徐辉，李录堂. 完善我国农民创业支撑体系的对策研究 [J]. 经济纵横，2008（4）：74 - 76.

[129] 徐旭初，吴彬. 治理机制对农民专业合作社绩效的影响——基于浙江省526家农民专业合作社的实证分析 [J]. 中国农村经济，2010（5）：43 - 55.

[130] 徐璋勇，杨贺. 农户借贷行为倾向及其影响因素分析——基于西部11省（区）1664户农户的调查 [J]. 中国软科学，2014（3）：45 - 56.

[131] 许锦英. 社区性农民合作社及其制度功能研究 [J]. 山东社会科学，2016（1）：177 - 182.

[132] 薛继亮，李录堂. 农民创业和分工演进、交易效率 [J]. 山西财经大学学报，2009，31（9）：51 - 57.

[133] 杨婵，贺小刚，李征宇. 家庭结构与农民创业——基于中国千村调查的数据分析 [J]. 中国工业经济，2017（12）：170 - 188.

[134] 杨俊，张玉利. 社会资本、创业机会与创业初期绩效理论模型的构建与相关研究命题的提出 [J]. 外国经济与管理，2008（10）：17 - 24 + 31.

[135] 杨丽琼. 关于农民创业问题研究的若干认识误区 [J]. 农业经济问题，2009，30（5）：63 - 67.

[136] 杨瑞龙，朱春燕. 网络与社会资本的经济学分析框架 [J]. 学习与探索，2002（1）：60 - 65.

[137] 杨小柳. 国家、地方市场与贫困地区的变迁——广西凌云县背陇瑶的个案研究 [J]. 中国农业大学学报（社会科学版），2012，29（3）：57-64.

[138] 叶春霞. 农民异地城市的创业能力评价 [J]. 经济纵横，2010（6）：54-57.

[139] 叶青，苏海. 政策实践与资本重置：贵州易地扶贫搬迁的经验表达 [J]. 中国农业大学学报（社会科学版），2016，33（5）：64-70.

[140] 余长春，黄蕾. 构建农民创业能力的提升体系 [J]. 农业考古，2008（3）：335-337.

[141] 俞宁. 农民农业创业机理与实证研究 [D]. 杭州：浙江大学，2013.

[142] 张东生，刘健钧. 创业投资基金运作机制的制度经济学分析 [J]. 经济研究，2000（4）：35-40+79.

[143] 张海洋，袁雁静. 村庄金融环境与农户创业行为 [J]. 浙江社会科学，2011（7）：2-12+46+155.

[144] 张敬伟，裴雪婷，李志刚，沈景全. 基于扎根理论的农民创业者的资源拼凑策略研究 [J]. 农业经济问题，2017，38（9）：49-56+111.

[145] 张其仔. 社会资本论——社会资本与经济增长 [M]. 北京：社会科学文献出版社，1999.

[146] 张晓芸，朱红根，解春艳. 基于农民视角的农村创业环境满意度评价 [J]. 农村经济，2014（9）：96-101.

[147] 张秀娥，孙中博. 农民工返乡创业与社会主义新农村建设关系解析 [J]. 东北师大学报（哲学社会科学版），2013（1）：10-13.

[148] 张秀娥，徐雪娇. 创业学习、创业警觉性与农民创业机会识别——一个中介效应模型及其启示 [J]. 商业研究，2017（11）：178-186.

[149] 张益丰，陈莹钰，潘晓飞. 农民合作社功能"嵌入"与村治模式改良 [J]. 西北农林科技大学学报（社会科学版），2016，16（6）：50-58.

[150] 张益丰，郑秀芝. 企业家才能、创业环境异质性与农民创业——基于3省14个行政村调研数据的实证研究 [J]. 中国农村观察，2014（3）：21-28+81.

[151] 张应良，高静，张建峰. 创业农户正规金融信贷约束研究——基于939份农户创业调查的实证分析 [J]. 农业技术经济，2015（1）：64-74.

[152] 张应良，汤莉. 农民创业绩效影响因素的研究——基于对东部地区284个创业农民的调查 [J]. 华中农业大学学报（社会科学版），2013（4）：19-24.

［153］张玉利，等．创业管理［M］．第四版．北京：机械工业出版社，2016.

［154］张云华，郭铖．农业经营体制创新的江苏个案：土地股份合作与生产专业承包［J］．改革，2013（2）：151－158.

［155］赵佳荣．农民专业合作社"三重绩效"评价模式研究［J］．农业技术经济，2010（2）：119－127.

［156］赵西华，周曙东．高等农业教育：我国新型农民创业培植的途径选择［J］．江苏高教，2006（1）：63－65.

［157］赵西华，周曙东．农民创业现状、影响因素及对策分析［J］．江海学刊，2006（1）：217－222.

［158］赵延东．"社会资本"理论述评［J］．国外社会科学，1998（3）：19－22.

［159］赵芝俊，陈耀．互联网＋农业：理论、实践与政策——2015年中国技术经济学会农业技术经济分会年会综述［J］．农业技术经济，2015（11）：126－128.

［160］郑风田，孙谨．从生存到发展——论我国失地农民创业支持体系的构建［J］．经济学家，2006（1）：54－61.

［161］郑军．农民参与创业培训意愿影响因素的实证分析——基于对山东省的调查［J］．中国农村观察，2013（5）：34－45＋96.

［162］郑世忠，乔娟．农户社会资本及其对借贷行为的影响［J］．乡镇经济，2007（12）：64－67.

［163］钟王黎，郭红东．农民创业意愿影响因素调查［J］．华南农业大学学报（社会科学版），2010，9（2）：23－27.

［164］周恩宇，卯丹．易地扶贫搬迁的实践及其后果——一项社会文化转型视角的分析［J］．中国农业大学学报（社会科学版），2017，34（2）：69－77.

［165］周劲波，杜丽婷．西部地区农民创业面临的问题及对策——以广西临桂县为例［J］．经济纵横，2007（23）：41－43.

［166］周菁华，谢洲．农民创业能力及其与创业绩效的关系研究——基于重庆市366个创业农民的调查数据［J］．农业技术经济，2012（5）：121－126.

［167］周菁华，谢洲．自身素质、政策激励与农民创业机理［J］．改革，2012（6）：82－88.

［168］周其仁．市场里的企业：一个人力资本与非人力资本的特别合约［J］．经济研究，1996（6）：71－80.

［169］周振，孔祥智．盈余分配方式对农民合作社经营绩效的影响——以黑龙江省克山县仁发农机合作社为例［J］．中国农村观察，2015（5）：19－30.

［170］朱红根，江慧珍，康兰媛．创业环境对农民创业绩效的影响——基于 DEA－Tobit 模型的实证分析［J］．商业研究，2015（3）：112－118.

［171］朱红根，解春燕．农民工返乡创业企业绩效的影响因素分析［J］．中国农村经济，2012（4）：36－46.

［172］朱红根，康兰媛．金融环境、政策支持与农民创业意愿［J］．中国农村观察，2013（5）：24－33＋95－96.

［173］朱明芬．农民创业行为影响因素分析——以浙江杭州为例［J］．中国农村经济，2010（3）：25－34.

［174］朱仁宏，曾楚宏，李孔岳．创业研究不同观点的剖析与发展趋势的把握［J］．外国经济与管理，2008（5）：22－27.

［175］朱依娜，何光喜．学术产出的性别差异：一个社会网络分析的视角［J］．社会，2016，36（4）：76－102.

［176］庄晋财，杨万凡．基于资源和能力观的农民工新创企业成长路径探析［J］．西北农林科技大学学报（社会科学版），2015，15（3）：21－27.

［177］Ardichvili A，Cardozo R，Ray S. A Theory of Entrepreneurial Opportunity Identification and Development［J］. Journal of Business Venturing，2003，18（1）：105－123.

［178］Auken H V，Fry F L，Stephens P. The Influence of Role Models on Entrepreneurial Intentions［J］. Journal of Developmental Entrepreneurship，2008，11（2）：157－167.

［179］Barbosa S D，Gerhardt M W，Kickul J R. The Role of Cognitive Style and Risk Preference on Entrepreneurial Self－Efficacy and Entrepreneurial Intentions［J］. Journal of Leadership & Organizational Studies，2007，13（4）：86－104.

［180］Batjargal B. Social Capital and Entrepreneurial Performance in Russia：A Longitudinal Study［J］. Acoustics Speech & Signal Processing Newsletter IEEE，2003，24（4）：535－556.

［181］Bird B. Implementing Entrepreneurial Ideas：The Case for Intention［J］. Academy of Management Review，1988，13（3）：442－453.

［182］Boulder A W. The Norm of Reciprocity：A Preliminary Statement［J］. American Sociological Review，1960，25（2）.

［183］Bourdieu P. The Social Space and the Genesis of Groups［J］. Theory & Society，

1985, 14 (6): 723 - 744.

[184] Boyd N G, Vozikis G S. The Influence of Self - Efficacy on the Development of Entrepreneurial Intentions and Actions [J]. Entrepreneurship Theory & Practice, 1994, 18 (4): 63 - 90.

[185] Bruderl J, Preisendorfer P. Network Support and the Success of Newly Founded Business [J]. Small Business Economics, 1998, 10 (3): 213 - 225.

[186] Bryant C R. Entrepreneurs in The Rural environment [J]. Journal of Rural Studies, 1989, 5 (4): 337 - 348.

[187] Castrogiovanni G J. Environmental Munificence: A Theoretical Assessment [J]. Academy of Management Review, 1991, 16 (3): 542 - 565.

[188] Chiu Yen, Ting Helena. How Network Competence and Network Location Influence Innovation Performance [J]. Journal of Business & Industrial Marketing, 2008, 24 (1 - 2): 46 - 55.

[189] Clarkson M. A Risk Based Model of Stakeholder Theory [C] //Proceedings of the Second Toronto Conference on Stakeholder Theory, 1994: 18 - 19.

[190] Coleman J S. Social Capital in the Creation of Human Capital [J]. American Journal of Sociology, 1988, 94: S95 - S120.

[191] Davidsson P. Researching Entrepreneurship, International Studies in Enrepreneurship [M]. New York: Springer, 2004.

[192] Dess G, Beard D. Dimensions of Organizational Task Environments [J]. Administrative Science Quarterly, 1984, 29 (1): 52 - 73.

[193] Dieter Bögenhold, Matthias Fink, Sascha Kraus. Integrative Entrepreneurship Research - Bridging the Gap between Economic and Sociological Perspectives [J]. Entrepreneurial Venturing, 2014, 6 (2): 118 - 139.

[194] Dyer J H, Nobeoka K. Creating and Managing a High - Performance Knowledge - Sharing Network: The Toyota Case [J]. Strategic Management Journal, 2000, 21 (3): 345 - 367.

[195] Esther Hormiga, Sylvia Rohlfer. A Call for Novel Research in Entrepreneurship [J]. Journal of Evolutionary in Business, 2016, 1 (1): 51 - 62.

[196] Freeman R E. Strategic management: A stakeholder approach [J]. Advances in Strategic Management, 1983, 1 (1): 31 - 60.

[197] Fukuyama F, Zamorski K. Trust: The Social Virtue and the Creation of Prosperity [M]. New York: Simon & Schuster, 1996.

[198] Granovetter M. The Strength of Weak Ties: A Network Theory Revisited [J]. Sociological Theory, 1983, 1 (6): 201 – 233.

[199] Hansen G S, Wernerfelt B. Determinants of Firm Performance: The Relative Importance [J]. Strategic Management Journal, 1989, 10 (5): 399 – 411.

[200] Hmieleski K M, Corbett A C. Proclivity for Improvisation as a Predictor of Entrepreneurial Intentions [J]. Journal of Small Business Management, 2010, 44 (1): 45 – 63.

[201] Jeffry A Timmons. The Entrepreneur Mind [M]. Acton, MA: Brick House Publishing, 1989.

[202] John Watson. Modeling the Relationship between Networking and Firm Performance [J]. Journal of Business Venturing, 2007, 22 (6): 852 – 874.

[203] Jr R E L. On the Mechanics of Economic Development [R]. Quantitative Macroeconomics Working Papers, 1999, 22 (1): 3 – 42.

[204] Kirzner I. Competition and Entrepreneurship [M]. Chicago: University of Chicago Press, 1973.

[205] Knight F H. Risk, Uncertainty and Profit [M]. Houghton Mifflin Company, 1921.

[206] Lin N. Social Resources and Instrumental Action [M]//Marsden P V, Lin N. Social Structure and Network Analysis. Los Angeles: Sage Publications, 1982: 131 – 147.

[207] Lowell W Busenitz, Lawrence A Plummer. Entrepreneurship Research (1985 ~ 2009) and the Emergence of Opportunities [J]. Entrepreneurship Theory and Practice, 2014 (7): 1 – 20.

[208] Ma R, Huang Y C. Social Network and Opportunity Recognition: A Cultural Perspective [C]. Academy of Management Proceedings, 2008, 16: 1 – 6.

[209] Matlay H, Thomas W Y M. Exploring the Behavioural Patterns of Entrepreneurial Learning [J]. Education& Training, 2006, 48 (5): 309 – 321.

[210] Norris F Krueger Jr, Deborah V. Brazeal. Entrepreneurial Potential & Potential Entrepreneurs [J]. Social Science Electronic Publishing, 1994, 18 (3): 90 – 105.

[211] Putnam R D. The Prosperous Community: Social Capital and Public Life [J]. American Prospect, 1993, 13 (13): 35 – 42.

[212] Reynolds P D. Who Starts New Firms? – Linear Additive Versus Interaction Based Models [C]. the 15th Babson College Entrepreneurship Research Conference, London, 1997.

[213] Romanellie. Organization Birth and Population Ecology: A Community Perspective on Origins [M]//Cummings L, Staw B M. Research in Organizational Behavior. New York: JAI Press, 1989: 211 – 246.

[214] Ronald Burt. Structural Holes [M]. Cambridge: Harvard University Press, 1992.

[215] Sophia Stathopoulou. Rural Entrepreneurship in Europe [J]. International Journal of Entrepreneurial Behaviour & Research, 2011, 10 (6): 404 – 425.

[216] Spence A M. Informational Aspects of Market Structure: An Introduction [J]. Quarterly Journal of Economics, 1976, 90 (4): 591 – 597.

[217] Spence M. Job Market Signaling [J]. The Quarterly Journal of Economics, 1973, 87 (3): 355 – 374.

[218] Stevenson H, Roberts M, Grousbeck H. New Business Ventures and the Entrepreneur [M]. McGraw – Hill/Irwin, 1998.

[219] Strotmann H. Entrepreneurial Survival [J]. Small Business Economics, 2007, 28 (1): 87 – 104.

[220] Suzuki K I, Kim S H, Bae Z T. Entrepreneurship in Japan and Silicon Valley: A Comparative Study [J]. Technovation, 2002, 22 (10): 595 – 606.

[221] Van Bastelaer. Imperfect Information, Social Capital and the Poor's Access to Credit [R]. Center for Institutional Reform and the Informal Sector Working Paper No. 234, 1999.

[222] Whyte M K. The Social Roots of China's Economic Development [J]. China Quarterly, 1995 (144): 999 – 1019.

[223] Wiklund J, Shepherd D. Entrepreneurial Orientation and Small Business Performance: A Configurational Approach [J]. Journal of Business Venturing, 2005, 20 (1): 71 – 91.

[224] Zhao H, Seibert S E, Hills G E. The Mediating Role of Self – Efficacy in the Development of Entrepreneurial Intentions [J]. Journal of Applied Psychology, 2005, 90 (6): 1265 – 1272.

[225] Zhao H, Seibert S E, Lumpkin G T. The Relationship of Personality to Entrepreneurial Intentions and Performance: A Meta – Analytic Review [J]. Entrepreneurship Research Journal, 2015, 36 (2): 381 – 404.

后记

　　本书是笔者 2016 年以来学术研究的总结。当时，笔者受农业部农村经济研究中心委托开展对我国农民创业创新方向和模式的研究。拿到题目的第一个月里，为了形成研究思路，在阅读相关文献之余不断地与身边的同事、同学、朋友、亲戚围绕农民创业问题展开讨论。讨论的结果是大家对两个基本问题分歧很大：普通农民能否成为创业主体？应否鼓励普通农民开展创业？很多人，甚至一些阅历丰富的村干部都认为创业是少数精英的事，是高风险活动，而普通农民文化水平低、财富积累薄弱、抗风险能力差，实现成功创业几乎不可能，不应该鼓励农民创业。这些言论，结合自己家庭的经历，笔者一度怀疑促进农民创业的可行性。笔者的家乡山西省孝义市是我国第一批重点采煤县之一。1994 年，笔者 11 岁，当时煤炭产业已经成为孝义经济的第一大支柱，煤炭外运是一个热门行业。身为银行职员的笔者父亲与当过汽车兵在老家务农的姑父合伙买了辆二手货车搞焦炭运输。但由于过路费和汽车维修费过高，坚持了不到两年就以变卖货车而告终。1997 年，笔者 14 岁，当时父亲看到报纸上一则钢管厂设备转让的消息，想到当时孝义建材需求旺盛，就出钱买下设备并委托给老家的伯父和二舅经营。设备、原料都到位，但由于技术问题，始终生产不出合格的钢管，最后在消耗了大量的原料、燃料费和聘请技术人员的花费后不了了之。可见，创业不易，不是每个人创业都能成功。

但国内外主流研究支持创业者能力能够在后天习得，只要具备一定条件，普通人创业也可以成功。在读博期间，笔者多次参加农民专业合作社调研，看到农民开办的各类农民合作社风生水起，让老师和同门不禁赞叹："高手在民间！"关注农民创业问题三年来，笔者多次与农民创业者访谈，了解他们创业中的障碍、困难、起落和心得。最终，笔者相信：普通农民可以创业，但创业成功是件很难的事，它需要各种条件同时具备，任何一个环节出现问题都可能导致创业失败。"大众创业"就是要为普通人创业创造有利的政策条件，帮助他们解决创业中的问题，促使全社会形成创业的氛围。本书的撰写就是为了梳理当前农民创业的现状，通过规范的实证研究形成关于农民创业成功条件的一系列观点，为政府政策供给和农民创业实践提供参考。但理论研究永远赶不上实践的推进，一名青年学者三年的研究也很难对农民创业有根本上的助益。本书是笔者研究农民创业问题的一个阶段。在今后的研究中，笔者将更多地深入实际，更多地向前辈学习、与同行交流，对农民创业问题进行更深入细致的思考和研究。

本书是笔者公开出版的第一本专著，是笔者多年学术积累的结果。书稿完成之际，我要以最诚挚的心意感谢我的博士生导师：中国人民大学农业与农村发展学院的孔祥智教授。感谢恩师逐步把我带到农业经济研究的生涯，从一个极少关注农村的城里孩子转变为心系三农的研究人员。在学习期间，恩师高屋建瓴的研究视角、严谨踏实的治学态度、实事求是的工作作风、宽厚仁爱的待人之道深刻地影响了我。感谢我的同门张云华师兄、方松海师兄、涂圣伟师兄、史冰清师姐、伍振军师兄、房风文师兄、钟真师兄、毛飞师兄、董翀师姐、姜明伦师兄、孙娟师姐、刘传磊师兄、楼栋师弟、丁玉师妹、高强师弟、刘同山师弟，他们无私的指导和帮助让我感受到同门的温暖。

我要尤其感谢我的博士同班同学：何安华博士。如果没有他给我合作研究的机会，我也许不可能开始农民创业方面的研究。他也是我的同门、舍友，在学习和研究中给了我很多启发和引导。我们还一起吃饭、一起打球，给枯燥的博士生活增添了很多趣味，难忘在一起的日日夜夜。我还要感谢中国人民大学 2010 级农业经济管理博士班的所有同学，他们的陪伴让我度过了紧张繁忙而又丰富有趣的三年。刘湘波同学的离去让我感慨生命脆弱，要珍惜时间，也要珍惜生命中的每一位友人。倪国华博士、何安华博士、胡联博士已经在各自领域取得了卓越成就，是我们青年学者的榜样。感谢周海川博士、刘振中博士，与他们的交流对本书的研究有很大裨益。

感谢我敬佩的朋友，我的本科校友，曼彻斯特大学商学院曾诚博士。感谢他在我研究遇到瓶颈时给予的宝贵建议。他待人至诚，见识高明，一直是我学习的榜样。在此也感谢多年未见的本科同学们。他们正在用行动诠释着"国民表率、社会栋梁"，让我不敢甘于平庸、虚度年华。

衷心感谢山西大学经济与管理学院的领导和同事们为我的研究工作提供了良好的条件和无私的帮助。经管学院是一个宽容、友爱、团结、向上的集体，集体的荣誉也是我努力研究的动力。

我要特别感谢我的妻子何泓女士。她在我一无所有时毅然决定嫁给我，在生活和工作中给予我巨大的支持和帮助。与她的交流也丰富了我的研究思路。感谢我的岳父母和父母，年过半百还要为我们奔波劳碌，他们的恩情一辈子难以报答。祝愿他们身体健康，笑口常开！感谢我的儿子郭政定，他的到来给我们带来了无尽的欢乐和幸福。祝愿他健康快乐，茁壮成长！